Gunnar Garleff

Spurensuche

Gunnar Garleff

Spurensuche

Mit Fragen unserer Zeit der Bibel begegnen

Fromm Verlag

Impressum / Imprint
Bibliografische Information der Deutschen Nationalbibliothek: Die Deutsche Nationalbibliothek verzeichnet diese Publikation in der Deutschen Nationalbibliografie; detaillierte bibliografische Daten sind im Internet über http://dnb.d-nb.de abrufbar.

Bibliographic information published by the Deutsche Nationalbibliothek: The Deutsche Nationalbibliothek lists this publication in the Deutsche Nationalbibliografie; detailed bibliographic data are available in the Internet at http://dnb.d-nb.de.

Coverbild / Cover image: www.ingimage.com

Verlag / Publisher:
Fromm Verlag
ist ein Imprint der / is a trademark of
OmniScriptum GmbH & Co. KG
Heinrich-Böcking-Str. 6-8, 66121 Saarbrücken, Deutschland / Germany
Email: info@frommverlag.de

Herstellung: siehe letzte Seite /
Printed at: see last page
ISBN: 978-3-8416-0502-3

Inhalt

Predigtarbeit als Spurensuche

Ich plane meine Arbeitswoche meist am Montag irgendwann zwischen dem zu Bett Bringen der Kinder und dem Heute Journal. Da stelle ich dann auch fest: Am Sonntag soll ich predigen. In meiner Heidelberger Studienzeit lehrte Christian Möller Homiletik nach dem Konzept der Predigtwoche. Einige Kommilitonen gliederten ihre Woche nach den Schritten der Predigtarbeit. Es gab den Predigtmontag, den Predigtdienstag usw. bis man am Predigtsonntag die fertige Predigt auf der Kanzel vortrug.[1]

Ich habe dieses Konzept nie wirklich gelernt, es ist daher auch nicht meins geworden. Und doch heute im Pfarramtsalltag beginnt am Montagabend tatsächlich so etwas wie meine Predigtwoche. Es ist mehr psychologisch. Ich lese den Predigttext und vielleicht auch die drei Haupttexte des Sonntages. Mehr nicht!

Manchmal habe ich dann eine Idee, eine Frage oder zumindest ein Thema, das ich im Text finde und das mich interessiert. Ich notiere es und lasse es dann Montagabend meistens ruhen. Und ziemlich rituell schaue ich dann in den Kalender und markiere mir sämtliche freie Zeit der Woche zur Predigtvorbereitung und dem Vorhaben, alles zum Thema zu lesen, was ich in meinem Arbeitszimmer dazu finden kann.

Pläne sind schön und jegliches Vorhaben unter dem Himmel hat seine Zeit (vgl. Koh 3,1), doch meistens vergehen Dienstag, Mittwoch, Donnerstag und Freitag ohne dass ich nennenswerte Zeit in die Predigtvorbereitung investiert habe. Anderes ist wichtiger: Telefonate und Gespräche mit Gemeindegliedern, das Spiel meiner Kinder, gemeinsame Mahlzeiten, Konfirmandenunterricht und Kindergarten. Immerhin die Liedauswahl ist am Mittwochabend ge-

---

[1] Vgl. Christian Möller, Einführung in die Praktische Theologie (UTB 2529) Tübingen u. Basel 2004, 144-148.

schafft und auch den einen oder anderen Kommentar zum Text und vielleicht ein oder zwei Predigthilfen habe ich gelesen.

Es bleibt wieder einmal nur der Samstag. Andere Väter gehen mit ihren Familien in den Zoo oder machen Familienzeit. Bei uns ist es nicht so. Nach dem Frühstück verschwinde ich im Arbeitszimmer. Keiner darf stören und doch jeder kommt herein. Kinder und Familie haben oft drängendere Probleme. Und doch jetzt beginnt die Predigtarbeit unter Druck.

Irgendwie erinnere ich mich an die spontanen Einfälle am Montag. Und ich beginne zu lesen, mache mir Notizen im Predigttext. Und sinne nach: Was interessiert mich an dem Text? Was erklärt er mir? Wo bin ich in diesem Text? Was hat die Gemeinde eigentlich von diesem Text?

„Du sollst mit dem Text durch die Woche gehen!“, hat mir einmal ein theologischer Lehrer erzählt. Bewusst mache ich das selten, dazu ist zu viel los. Und ich glaube auch nicht daran, dass mir der Text in der Woche begegnet. Eher schon begegne ich der Woche mit dem Text. Jetzt aber am Samstag betrachte ich die Woche, aus der ich (und auch die Sonntagsgemeinde) komme, durch das Gitternetz des Textes.

Was ist geschehen in der Gemeinde, in der Politik, in der Familie, im Dorf, in der Gesellschaft? Welche Filme habe ich im Fernsehen gesehen, welche Artikel und Bücher habe ich gelesen, welche Musik lief im Radio? Welches Thema drängt sich auf?

Das alles mache ich mir bewusst. Es sind virtuelle Texte, die ich in Beziehung setze zu dem, was ich jetzt am Samstag noch einmal beim Studium des Predigttextes wahrnehme. Daneben lese ich jetzt noch intensiver in den Kommentaren und in anderen Büchern, die mich umgeben. Predigtschreiben ist ein kreativer Prozess.

Früher als ich ein oder zweimal im Jahr gepredigt habe und selbst in Zeiten des Vikariats, in denen eine Predigt pro Monat geschrieben wurde, betrachtete ich meine Predigten als kleine Kunstwerke. Es waren Werke, die lange durchdacht waren und die über eine lange Zeit geschaffen wurden. Das Schreiben der Predigt im Pfarralltag mit Familie geschieht meistens unter Druck – unter Zeitdruck. Woche für Woche muss mindestens eine Predigt verfasst werden. Durch Beerdigungen und andere Andachten sind es meistens zwei oder drei. Vielleicht wächst die Kreativität unter Druck, doch die eigentliche Erkenntnis ist eine ganz andere.

Früher waren meine Predigten abgeschlossen. Ich glaube junge Prediger verfolgen die Strategie des abgeschlossenen Vortrags. Es muss ein Thema vollständig durchdrungen, vollständig expliziert sein. Ich erlebe es beim Hören anderer Predigten oft, dass ich nach einiger Zeit leise „Amen" zu sagen beginne. Prediger – nicht nur junge – vergessen oft das „Amen". Sie wollen alles sagen, was ihn an Gedanken gekommen ist, obwohl doch schon längst alles gesagt ist, was für heute zu sagen war.

Heute erkenne die Fragmenthaftigkeit jeder Predigt. Wer jede Woche etwas zu predigen hat, der predigt fragmentarisch. Predigten sind „offene Kunstwerke", so wird in Anlehnung an Umberto Eco und die Rezeptionsästhetik oft in der Homiletik, der Wissenschaft von der Predigt, behauptet. Das stimmt.[2]

Gemeint ist damit, dass die Predigt als Text, als Werk des Predigers nicht jene Predigt ist, welche die Gemeinde hört. Die Gemeinde, die Predigthörerin, erdenkt sich im Hören der Predigt gleichsam ihre eigene, vielleicht die eigentliche Predigt.

---

[2] Vgl. z.B. A. Grötzinger, Toleranz und Leidenschaft. Über das Predigen in einer pluralistischen Gesellschaft, Gütersloh 2004, 25-27.

Predigten sind offene Kunstwerke. Das gilt für mich auch deshalb, weil jede Predigt offen ist für eine folgende Predigt – am nächsten Sonntag oder auch ein paar Jahre später zum selben Text. Es wird immer noch etwas folgen.

Diese Offenheit der Predigt ist nicht etwa nur der Unvollkommenheit des Predigers geschuldet. Sie hat mit ihrem zweifachen Gegenstand zu tun. Die Predigt aktualisiert in besonderer Weise das Heilige, das Christusgeschehen, die Beziehung zu Gott. Sie tut dies, indem sie methodisch einen alten biblischen Text und eine je aktuelle Situation der Gegenwart in Beziehung setzt. Der Prediger verfährt dabei notwendig perspektivisch und selektiv.

Die Art, wie der Prediger Text und Situation der Gegenwart in Beziehung setzt, hängt ganz entscheidend davon ab, wie der Prediger beides „liest". So wie die Predigt ein offenes Kunstwerk ist, so sind Texte – auch biblische Texte – überhaupt offene Kunstwerke. Sie enthalten Leerstellen und wir lesen sie immer mit unserem kulturellen Lexikon. Die gegenwärtige Hermeneutik, die stark von der Rezeptionsästhetik und der Wirkungsgeschichte geprägt ist, hat deutlich gemacht, dass es in Texten nicht den einen Sinn gibt. Biblische Texte sind nicht zu reduzieren auf den einen Kernsatz. Biblische Texte lassen sich immer unterschiedlich auslegen. Wie wir einen Text auslegen, hängt dabei von den Fragen ab, mit denen wir an den Text herangehen.

Am Samstag, wenn ich konzentriert an der Sonntagspredigt arbeite, dann begegne ich zunächst dem Text. Viele Predigttexte habe ich schon etliche Male gelesen und gehört. Sie sind mir geläufig. Genau hier aber steckt die Gefahr der Predigtarbeit. Es geht nicht darum das Geläufige und das Gewohnte immer wieder einfach nur zu zitieren. Es geht nicht darum das Ringen Pauli in Römer 9-11 in die paulinische Theologie einzuordnen. Sondern es kommt darauf an den Text als einen fremden Text zu entdecken.

Den meisten Menschen, die die Predigt hören werden, sind die biblischen Texte fremd. Nur die Minderheit der sonntäglichen Gottesdienstgemeinde, die zu einem nicht geringen Teil aus Konfirmanden und Konfirmandinnen besteht, lebt im Alltag mit biblischen Texten. Und jene, die es tun, haben oftmals ein ganz vertrautes Verhältnis zu ihnen.

Lesen wir aber trotzdem den Text als einen fremden Text, begegnen wir ihm als „einem fremden Gast“ (Hans Weder), dann öffnet sich der Text für neue Entdeckungen. Ein fremder Gast macht neugierig. Er weckt das Forscherherz. Einem fremden Gast begegne ich mit Fragen: Was will er von mir jetzt? Wer ist er? Und was denkt er? Wie sieht er mich? Wie erscheine ich in seinem Lichte? Und wie wirke ich auf ihn?

Mit dem Text als fremden Gast, der sonst in meinem Leben keine Rolle spielt, der mir nicht ständig begegnet, mit dem ich nicht auf Du und Du bin, kann ich eine neue Beziehung eingehen. Es ist eine gegenwärtige Beziehung, die dennoch aus der Geschichte lebt. Ich frage, wo der fremde Gast herkommt? Was hat ihn geprägt? Wie erinnern sich andere an ihn? Wie hat er sich ins soziale Gedächtnis eingeschrieben? Was ist mir sympathisch? Was erzählt er? Und was verschweigt er mir?

Ich begegne dem fremden Gast mit meinen Geschichten und Eindrücken. Es ist ein selektiver Prozess. So wie mir der fremde Gast nicht alles erzählt, so erzähle ich ihm auch nicht alles von mir. Denn nicht alles, was ich in einer Woche erlebt habe, muss der Text hören. Bei allem Nachdenken, bei aller Offenheit dem fremden Gast gegenüber bleibt mir der Text ein wenig fremd.

Die Predigtarbeit ist so immer zuerst ein neugieriger Dialog zwischen dem Prediger und dem Predigttext als dem fremden Gast. Es ist ein Zwiegespräch im Kontext von anderen Beziehungen: Der fremde Gast ist sich selbst nicht genug, er erzählt von dem lebendigen Gott. Und ich, der Prediger, erzähle und deute, forsche und denke, im Kontext der Gemeinde. Predigtarbeit ist so immer ein offener Dialog.

In der Theorie der Predigt gibt es eine lange Diskussion über die Fragen, wie der Hörer und der Text in Beziehung stehen. Die eine Position vertritt die These: die Situation des Hörers ist im Text. Das klassische Diktum des Göttinger Theologen Hans-Joachim Iwand hieß: „Explicato und Applicatio fallen ineinander." Die andere Position trennt Hörer und Text. In der Predigtvorbereitung analysiert sie ebenso intensiv die Situation des Hörers wie jene des Textes.

Beide Positionen sind berechtigt. Sie weisen auf das Grundproblem der Predigt hin, die eben einen alten Text in eine aktuelle Situation sprechen lassen will, für die er nicht verfasst ist.

Wie gehe ich als Prediger mit dieser Spannung zwischen Vergangenheit und Gegenwart um? In der Situation des kreativen Drucks frage ich zuallererst, was sagt mir der Text eigentlich für mein Leben, für meine Situation. Die Theorie der Predigt aus akademischen Elfenbeintürmen setzt m.E. viel zu hoch an, wenn sie eine gesellschaftsphilosophische Analyse erwartet. Nein, im Prozess der Predigt ist es zunächst stellvertretend für die Gemeinde der Prediger, der sein Leben und damit auch das Leben seiner Gemeinde ins Gespräch mit dem Predigttext als fremden Gast bringt.

Es gilt kleine Brötchen zu backen und zu fragen, warum die Menschen in den Gottesdienst kommen. Warum wollen die Menschen eine Predigt hören, und kommen nicht zum Bibelgesprächskreis, wo sie selbst reden können?

In einem Artikel im Magazin der Süddeutschen Zeitung schrieb einmal eine 18jährige Schülerin, dass sie sonntags in die Kirche geht, nicht nur um die Predigt zu hören, sondern auch um während der Predigt über ihr eigenes Leben und ihren Glauben nachzudenken. Mir selbst geht es beim Hören von Predigten oft ähnlich. Ich schweife ab, ich hänge einem Gedanken der Predigerin nach und denke ihn weiter für mein Leben. Ich verfolge selten die ganze Predigt aufmerksam, sondern ich höre selektiv. Irgendwann steige ich vielleicht auch wieder ins Hören ein. Meine eigene Erfahrung und das Bekenntnis der jungen Frau weisen auf eine wichtige Funktion der Predigt hin. Sie ist ein Denkanstoß für den Hörenden. Dieser fehlte, wenn sich die junge Frau einfach in den Park unter einen Baum setzen würde. Sie braucht die Worte des Predigers als ein Einfallstor in die Textwelt des Bibeltextes und die Textwelt ihres Lebens und bringt doch selbst beide miteinander in Beziehung.

Aus diesen Überlegungen ergibt sich für meine Praxis am Samstag, dass ich zuerst beim Schreiben nach Kernsätzen suche, die die Predigt gliedern. Nach Formulierungen und Sätzen die zu Denkanstößen werden können. Ich suche tatsächlich nach Sätzen, die zum Abschweifen einladen und nach solchen, die eine Rückkehr ins Hören der Predigt ermöglichen.

Um diese Sätze schreibe ich die Predigt. Inhaltlich, dass mögen die Beispiele in diesem Buch zeigen, folge ich dabei einer biblischen Spur in unser Leben. Bei aller Orientierung am Hörer ist das Predigen für mich in der Vorbereitung zuallererst meine persönliche Vergewisserung. Ich komme mir auf biblischen Spuren selbst auf die Spur und entdecke manchmal ganz neue Spuren Gottes in meinem Leben.

Trotzdem ist die gehaltene Predigt für mich nicht das subjektive Glaubensbekenntnis. Sie ist vielmehr so etwas wie ein Deutungsangebot an die Hörenden, die eingeladen sind mit meinen Gedanken zu einem biblischen Text, Leben und zum Glauben kreativ umzugehen. Ich versuche darum die Predigt offen zu halten.

Schließlich ist mir eine Einsicht wichtig. Das besondere Kennzeichen der Predigt ist, dass sie nicht zweckfrei geschrieben wird. Eine Predigt ist kein Leitartikel, sondern sie muss gehalten werden. Und auf der Kanzel im Gegenüber mit der Gemeinde stellen sich die Fragen manchmal neu. Auch die Wortwahl verschiebt sich manchmal. So ist die gehaltene Predigt fasst immer eine andere als die geschriebene Predigt. Und die gehörte Predigt eine andere als die gehaltene Predigt. Doch sie alle verfolgen biblische Spuren ins Leben und sie alle werden zu einer Spur des dreieinigen Gottes.

Auf der Spur der Liebe

Glaube und Hoffnung[3]

Zwischen den Zeiten

Liebe Gemeinde,

ein merkwürdig-schöner Sonntag ist das heute. Ein Sonntag mitten in der Zeit des Wartens. Der auferstandene Christus ist in den Himmel aufgefahren. Und das Kommen des Trösters, des Heiligen Geistes steht noch aus. Zwischen Himmelfahrt und Pfingsten liegen zehn Tages des Hoffens, des Wartens, der Geduld, dass die Verheißung des Trösters auch zutreffen möge.

In der Bibel wird über diese Zeit zweierlei berichtet:

Die Jünger, so erzählt es das *Lukasevangelium*, kehren nach der Himmelfahrt zurück nach Jerusalem und beten allezeit im Tempel. Sie suchen die Gemeinschaft und gemeinsam einen Ort der Erinnerung an die Nähe und Treue Gottes. Der Tempel ist so ein Ort.

Die Zeit zwischen Himmelfahrt und Pfingsten aber ist auch eine Zeit, in der die Gemeinschaft der Jünger gereift ist. Anders als die plötzliche Unterbrechung des Lebens an Karfreitag, an dem der Abschied von Jesus Dunkelheit, Furcht, Schockstarre und Flucht auslöste, bleiben sie nach dem Abschied des Auferstandenen von der Erde zusammen. Diesmal zerbrechen keine Illusionen. Die *Apostelgeschichte* erzählt vielmehr, wie die Jüngerschaft aus Frauen und Männern, den 12. Apostel als Ersatz für Judas nachwählt. Die Jünger sind im Glauben gereift.

Und doch mehr als eine Verheißung des Geistes haben sie nicht. Sie Warten und sie hoffen, auch wenn ihnen die Geisterfahrung noch fehlt. Es ist die

[3] Predigt zu Röm 8,24-30 am Sonntag Exaudi (1.6.2014) in der Friedenskirche Handschuhsheim (Gottesdienst mit vier Taufen).

Hoffnung, die in dieser Zwischenzeit treibend ist. Die Hoffnung lässt handeln. Die Hoffnung hält das Leben auf Erden in Gang, wo doch der Herr in den Himmel entrückt ist.

Und ein Sakrament der Hoffnung haben wir eben gerade gefeiert mit der Taufe von Paul, Felicitas, Hanna und Jannis. Wir haben gehört und gesehen, wie sie unter Gottes Segen gestellt sind, wie Gott „Ja“ zu ihnen gesagt hat. Wir haben sie in unsere Gemeinschaft der Hoffenden und Glaubenden aufgenommen.

Und wir taten es mit Hoffnung und im Vertrauen, dass sie dieses Ja Gottes spüren und erfahren können, dass sie es annehmen können. Wir taten es mit dem Wunsch, dass sie in ihrem Leben getragen sind von der Liebe Gottes und auch in Zeiten der Not und der Bedrängnis im Wort der Taufe einen Halt und einen Trost finden.

Aber wir haben sie als Kinder getauft. Bis auf Paul (4 Jahre) kann uns keiner unserer Täuflinge sagen, was sie oder er religiös erfahren hat, was sie oder er glaubt. Wir haben sie getauft in der Hoffnung, dass das, was wir glauben in ihrem Leben wichtig und tragend wird. Wir haben sie getauft in der Hoffnung, dass der Geist Gottes in ihn ist, so wie wir es uns für uns wünschen. Wir können es nur glauben. Sicher sein können wir uns nicht.

Gerettet, doch auf Hoffnung

Die Taufe als ein Akt der Hoffnung. Der Apostel Paulus schreibt dazu im Römerbrief:

24 *Denn wir sind zwar gerettet, doch auf Hoffnung. Die Hoffnung aber, die man sieht, ist nicht Hoffnung; denn wie kann man auf das hoffen, was man sieht?*

[25]Wenn wir aber auf das hoffen, was wir nicht sehen, so warten wir darauf in
Geduld.

[26]Desgleichen hilft auch der Geist unsrer Schwachheit auf. Denn wir wissen
nicht, was wir beten sollen, wie sich's gebührt; sondern der Geist selbst ver-
tritt uns mit unaussprechlichem Seufzen. [27]Der aber die Herzen erforscht, der
weiß, worauf der Sinn des Geistes gerichtet ist; denn er vertritt die Heiligen,
wie es Gott gefällt.

[28]Wir wissen aber, dass denen, die Gott lieben, alle Dinge zum Besten die-
nen, denen, die nach seinem Ratschluss berufen sind. [29]Denn die er auser-
sehen hat, die hat er auch vorherbestimmt, dass sie gleich sein sollten dem
Bild seines Sohnes, damit dieser der Erstgeborene sei unter vielen Brüdern.
[30]Die er aber vorherbestimmt hat, die hat er auch berufen; die er aber berufen
hat, die hat er auch gerecht gemacht; die er aber gerecht gemacht hat, die
hat er auch verherrlicht.

Röm 8,25-30 (Luther)

Erfahrung mit der Nichterfahrung oder hoffendes Warten

Im *Römerbrief* Paulus beschreibt das neue Leben des Christen. Er beschreibt dieses Leben nüchtern und wenig enthusiastisch. Seine ursprünglichen Adressatinnen haben die Taufe tatsächlich als einen Wendepunkt im Leben erlebt. Ein Akt der Bekehrung und der Umkehr, ein Akt der Erneuerung des Lebens.

Da lag die Erwartung nahe, dass das neue Leben als Christ wunderbar, heil und heilig war ohne die Sorgen, ohne Brüche, ohne Bedrängnis, dafür aber reich an religiöser Gotteserfahrung, reich am Heiligen Geist. Paulus aber zieht den Schleier. Er ent-täuscht seine Adressaten und stellt fest:

Auch christliches Leben ist leidgeprüft. Auch christliches Leben kennt die Bedrängnis. Auch christliches Leben ist nicht immer nur heil und unversehrt. Auch christliches Leben ist bei allem Wissen um den Himmel, ein Leben auf der Erde und unterliegt irdischen Bedingungen. Auch der Getaufte, auch der Christ hat nicht durchweg eine religiöse Erfahrung, spürt nicht fortlaufend die Nähe Gottes, weiß nicht immer, was und wie er beten soll. Auch der Christ ist nicht immer nur stark, es gibt auch eine Schwachheit im Glauben.

Ich finde diese Worte des Paulus tröstlich – gerade auch in kargen Zeiten, wenn die religiöse Erfahrung sich nicht einstellen will. Denn es gibt doch diese Zeiten und Situationen, es gibt die Glaubensgeschwister, die suchend und wartend sind auf religiöse Erfahrungen. Wie oft werden sie erdrückt durch den religiösen Erfahrungszwang auch in Kirchen.

Ich erinnere einen Konfirmanden, der in einer Bibelarbeit saß und mutig, aufrichtig Fragen nach Gott stellte. Er gab frei zu, er würde gerne glauben, allein ihm fehle die Erfahrung. Im Raum waren auch ältere hochreligiöse, sehr fromme Menschen. Die Fragen des Jungen brachten alles ins Wanken. Irgendwann brach es aus zwei alten Männern heraus, sie erhoben sich, streckten die Faust in die Luft und schrien: „Du musst es glauben, dann wirst du es erfahren."

Was aber, wenn ich die religiöse Erfahrung nicht mache. Was ist, wenn ich Gott nicht permanent in meinem Herzen spüre, wenn ich zwar jeden Glaubenssatz mitsprechen kann, wie so viele es im Glaubensbekenntnis aufrichtig mitsprechen, aber mir die Gotteserfahrung fehlt, muss ich dann nicht verstummen?

Ich verstumme regelmäßig, wenn mir Menschen von ihren besonderen Bekehrungserlebnissen erzählen und mir zu verstehen geben, dass auch ein Pfarrer immer diese religiösen Erlebnisse haben muss und hat – selbstverständlich. Nein, eben nicht selbstverständlich! Erfahrung ist nicht selbstverständlich und schon gar nicht ist dauerhaft verfügbar wie das Leitungswasser in unseren Breiten.

Eben darum wohl erwähnt Paulus in seinen tröstlichen Worten des Römerbriefes die Erfahrung mit keinem Worte. „*Die Hoffnung aber, die man sieht, ist nicht Hoffnung; denn wie kann man auf das hoffen, was man sieht? Wenn wir aber auf das hoffen, was wir nicht sehen, so warten wir darauf in Geduld.*"

Ich lese diese Worte als Ermutigung und Entlastung zugleich. Sie entlasten uns von dem Zwang und dem Terror, dass unser Glauben ständig und überall eine bestätigende Erfahrung braucht. Paul, Hanna, Felicitas, Jannis und wir alle brauchen kein religiöses Erlebnis der Bekehrung oder der Bewahrung um gläubige Christen zu sein. Das wäre ja auch absurd: Man wird ja nicht erst gläubig, wenn man einmal durch die tiefe Krisen gegangen ist. Das zu wünschen wäre mindestens zynisch. Nein, wenn wir uns nur noch dann von Gott getragen fühlen, wenn ich ihn irgendwie spüre, dann wird diese Erfahrung zum Zwang und das Ausbleiben der Erfahrung, die manche unter uns hier spüren, zum Tod jeglichen Glaubens.

Nein, unser Glaube ist immer ein hoffendes Warten mit Geduld. Unser Glaube ist Hoffen. Wenn wir hoffen, dann vertrauen wir in eine Zusage ohne Garantie. Aber in eine Zusage, die mit einem starken Zeichen verbunden ist: der Taufe.

Gemeinschaft des Geistes

Die Taufe ist ein Zeichen – ein Erinnerungsakt der Hoffnung. Gott hat Ja zu Hanna, Felicitas, Jannis und Paul gesagt. Es ist das Ja der Liebe. Gott will dieses Leben tragen. Er will es beschützen. Er will es bergen. Und doch dieses Ja, wird nicht verhindern, dass es im Leben unserer Täuflinge auch

Durststrecken, Leidenszeiten, Zeiten des Zweifelns, Zeiten des Ärgers geben wird. Das Leben ist keine fortwährende Glückserfahrung und nicht voller Frieden.

Gerade aber dort, wo die Erfahrung der Geborgenheit, der Freude, der Zuversicht, des Segens, die Erfahrung Gottes nachlässt, gerade dort , so schreibt es Paulus, ist es Gottes Geist der unserer Schwachheit aufhilft. Wo wir keine Worte mehr zum Gebet finden, vertritt uns der Geist mit unaussprechlichem Seufzen.

„Der Geist unsrer Schwachheit auf. Denn wir wissen nicht, was wir beten sollen, wie sich's gebührt; sondern der Geist selbst vertritt uns mit unaussprechlichem Seufzen.“

Auch, wenn ich ihn nicht spüre: Gottes Geist seufzt in mir. Auch, wenn ich es nicht erlebe: Gottes Geist hilft meiner Schwachheit auf. Auch, wenn ich es jetzt nicht glauben kann, bin ich von Gott geliebt und berufen. Ja, selbst wenn ich in manchen Momenten nicht im Geringsten erkenne, wie mir das, was mir gerade widerfährt, zum Guten dienen soll, vertraue ich darauf, dass Gott es gut mit mir meint.

Zwischen den Zeiten – zwischen Himmelfahrt und Pfingsten – wo wir zurück geworfen sind in die irdische Gottesferne – erinnert uns gerade die Taufe von Felicitas, Hanna, Paul und Jannis an die Zusage seiner Nähe. Wir hoffen für unsere Täuflinge, wir hoffen für uns, wir hoffen füreinander. Und hören von der Gewissheit des Paulus, die er für uns hat:

„Denn die er ausersehen hat, die hat er auch vorherbestimmt, dass sie gleich sein sollten dem Bild seines Sohnes, damit dieser der Erstgeborene sei unter vielen Brüdern. Die er aber vorherbestimmt hat, die hat er auch berufen; die er aber berufen hat, die hat er auch gerecht gemacht; die er aber gerecht gemacht hat, die hat er auch verherrlicht.“ Amen.

Kopf hoch – Gott neu entdecken [4]

Quasimodogeniti -
wie neu geborene Kinder,
eine österliche Hoffnung -
langsam nur wachsend,
sich ausbreitend.

Zwischen Ostern und Pfingsten -
eine Zeit der Besinnung
des Staunens
der Durchdringung
des Verstehens.

Was hat das alles zu bedeuten -
die Rede von quasi neu geborenen Kindern,
die Rede von der Überwindung des Todes
und der Freude am Leben?

Was hilft es dem müden Volk?
Was hilft es mir, wenn mich nach dem Fest der Alltag einholt?
Was hilft es uns, wenn die schlechten Nachrichten nicht aufhören,
die Resignation doch bald wieder aufbricht,
das Gehetze wieder beginnt,
das Altern nicht nachlässt,
die Sorgen doch irgendwie bleiben.

---

[4] Predigt zu Jes 40,26-31 am Sonntag Quasimodogeniti 2014 in der Friedenskirche Handschuhsheim am 27.4.2014.

Ist diese österlichen Freudenbotschaft nicht nur ein schönes Wortspiel,
nach dem Motto Kopf hoch, wird schon wieder.
Worte wie Schall und Rauch.

Vielleicht – und dennoch
hören wir genau diese Ermutigung
für die müden, zweifelnden, trostverwohnten
aus dem Buch Jesaja:

Hebt eure Augen in die Höhe und seht!
Wer hat dies geschaffen?
Er führt ihr Heer vollzählig heraus
und ruft sie alle mit Namen;
seine Macht und starke Kraft ist so groß,
dass nicht eins von ihnen fehlt.

Warum sprichst du denn, Jakob, und du, Israel, sagst:
»Mein Weg ist dem HERRN verborgen,
und mein Recht geht vor meinem Gott vorüber«?

Weißt du nicht?
Hast du nicht gehört?
Der HERR,
der ewige Gott,
der die Enden der Erde geschaffen hat,
wird nicht müde noch matt,
sein Verstand ist unausforschlich.

Er gibt dem Müden Kraft,
und Stärke genug dem Unvermögenden.
Männer werden müde und matt,
und Jünglinge straucheln und fallen;

aber die auf den HERRN harren,
kriegen neue Kraft,
dass sie auffahren mit Flügeln wie Adler,
dass sie laufen und nicht matt werden,
dass sie wandeln und nicht müde werden.

Jesaja 40,26-31 (Luther)

Was alttestamentliche Texte schön macht, ist ihre Poesie und die Kraft ihrer Worte. Deuterojesaja argumentiert nicht mit großen Worten, sondern mit Emotionen und Bildern. Er kündet Gott nicht als ein philosophisches Gedankenkonstrukt, sondern als eine Kraftquelle für die Müden, als neue Stärke für die Unvermögenden, als Motor für die matt gewordenen. Ja, er lässt sein Volk auffahren mit Flügeln wie Adler.

Mitten in die Lethargie der Hoffnungslosigkeit im babylonischen Exil kündet er von der Wiederkehr der Hoffnung. Aufmunternde, ja mehr noch aufweckende Worte aus dem Munde des Propheten, der die aussichtslosen an den Ufern des Euphrats sich lagern sieht. Es sind jene ohne Perspektive wie die Jugend in Südeuropa, wie die Bootsflüchtlinge auf dem Mittelmeer. Es sind jene mit letzter Kraft leben wie die pflegenden Angehörigen. Es sind jene, die ausgelaugt und ermüdet sind wie die vielen Müden in unserer Gesellschaft. Es sind jene, die keine Hoffnung mehr haben, die keine Visionen mehr haben, die immer den Jammer beschwören, die müde und matt gelaufen sind, damit sie überleben in einer Welt, aus deren Schönheit sie sich verbannt haben in ihrem verengten Blick auf das Notwendige.

Gibt es noch Hoffnung? Sind wir noch zu retten? Holt uns da jemals einer heraus? Oder geht es immer weiter mit dieser Abwärtsspirale? Nur zaghaft sind die zu hören, denen es gut geht, die Lust zum Leben verspüren und sich nicht schämen, die nicht immerzu klagen.

Gibt es noch Hoffnung? Oder verharren wir im Gefängnis der ökonomischen Sachzwänge und im „Luxus der Hoffnungslosigkeit" (Fulbert Steffensky)?

„Hebt eure Augen in die Höhe und seht! Wer hat dies geschaffen?"

Das ist die auffordernde-fragende Antwort Deuterojesajas. Kein „Kopf hoch, wird schon wieder!", sondern ein „Kopf hoch, schau dich um." Schau nicht nur auf dich selbst. Schau in den Himmel! Weißt du wie viel Sternlein stehen? Hast du dich das schon einmal gefragt? Gestaunt? Die Schönheit des Himmels betrachtet? *Wer hat dies geschaffen? Schau hin! Wer hat dies geschaffen?*

Vielleicht ist die weitverbreitete Resignation und Müdigkeit unserer Tage, der ständige Jammer und die Klage, und die Gefahr, dass selbst die heute Fröhlichen, morgen schon hineinfallen können in die Tiefen der Resignation, ja eine Folge unserer Oberflächenbetrachtung. Schaut der Mensch – der moderne allzumal – nicht allzu oft auf sich und sein Schaffen? Aus dem schwäbischen Lokalkolorit ist ja längst eine Wesensbeschreibung geworden: Wir schaffen. Wir gehen schaffen. Was wir allein nicht schaffen, dass schaffen wir dann zusammen!

Gott schafft! Der Mensch arbeitet und erschöpft sich (vgl. Ex 20,10f)! Das ist ein kategorialer Unterschied! Das Menschliche Schaffen ist begrenzt und es ist am Ende nicht sinnstiftend. Was nützt es dir, wenn du auf all dein Tun schauen kannst, wenn du auf all deine Habe schauen kannst, wenn du die tollsten Dinge besitzt, und dann stürzt um dich durch Krankheit oder Tod, durch unglückliche Umstände alles ein? Was nützt es dir? Dein Geschaffenes kann dir nicht weiterhelfen. Das Oberflächliche ist vielleicht segensreich, aber es verheißt keinen Segen.

Kopf hoch! Schau in den Himmel! Der, der das alles geschaffen hat, der ist anders. Der ist nicht vergänglich, nicht müde zu kriegen. Er ermattet nicht.

Wer sein Blick nicht mehr nur auf die Erdoberfläche richtet, so verheißt es Jesaja, wer nicht versinkt in seiner Selbstbezogenheit, mit der der Mensch meint, alles selbst lösen zu können, ohne sich dabei auch selbst zu erschöpfen, der bekommt neue Kraft. Ja jener wird aufstehen und hoffen, Visionen entwickeln und neue Kraft bekommen.

In der Krise Israels – im Exil, erinnert Deuterojesaja an Gott, den Allmächtigen, und erinnert ihn als den Schöpfer des Himmels und der Erde und als Geheimnis der Welt. Gewiss, wir leben nicht wie Israel im Exil. Wir sind auch nicht verbannt aus unserem Land. Aber wir drohen immer wieder verbannt zu werden aus unserem Leben und unserer Freiheit.

Wir verbannen einander aus der Schönheit des Lebens, wenn wir jedes Problem restriktive mit Maßnahmenkatalogen lösen und alles den Verhältnissen anpassen. Wir sind ja Meister in Strukturreformen- So folgt Bildungsreform auf Bildungsreform, aus G9 wird G8 und bald darauf wieder G9. Rentenreform folgt Rentenreform, aber die Rentenunsicherheit bleibt. Gesundheitsreform folgt auf Gesundheitsrefom, aber die Kosten steigen. Wir kennen für alles irgendwelche vernünftigen Maßnahmen. Wir reduzieren kirchliche Gebäude, konsolidieren kirchliche Haushalte, aber die Kirchlichkeit steigt nicht. Unser ökonomisch-vernünftiges kurzfristiges Handeln, mag die Symptome lindern, aber es stiftet keine Freiheit. Es stiftet keinen Frieden.

Deuterojesaja empfiehlt: *„Hebt eure Augen in die Höhe und seht! Wer hat dies geschaffen?“* – Erinnert euch! Gott, ist der Herr! Er hat all die Sterne gezählt und ihnen Namen gegeben. Gott schenkt dem Müden Kraft.

Das ist keine Rede, die Vernunft nicht mehr gelten zu lassen, zu prassen und zu verschwenden. Nein, wir müssen das Sorgen und Gestalten nicht lassen. Der verantwortungsbewusste Umgang mit der Schöpfung und miteinander ist ja gerade auch unser Schöpfungsauftrag. Wir sollten uns aber daran erinnern: Wir sind nicht die Schöpfer. Wir sind nicht die Vollender, Wir sind nicht unsere eigenen Versöhner. Lasst uns aus dieser österlichen Zeit mehr Gottvertrauen wagen. Lasst uns auf die Welt und aufeinander einen neuen Blick wagen.

„In einem Lied zur Begrüßung des Sabbats heißt es: ‚Steh nicht beschämt, gräme dich nicht? Was bist du gebeugt, was betrübst du dich? Ermuntere dich! Auf, leuchte, denn es kommt dein Licht!‘“[5] Mehr Gottvertrauen wagen, heißt auch nicht nur das Faktische gelten zu lassen, sondern auch die eigene Sehnsucht in dir. Ein Mensch ist nicht nur schön, weil er ist, was er ist, sondern seine Sehnsucht und seine Wünsche machen ihn schön. Unsere Freiheit beginnt, wo wir von der Freiheit träumen, wo wir nicht nur wahrnehmen, was ist, sondern auch was sein könnte, wo wir uns Zeit schenken zum Verweilen, zum Schlendern und Staunen, und wagen, immer noch etwas zu erwarten, das uns auffahren lässt mit Flügeln wie Adler.

Wir leben in einer österlichen Zeit. Gott hat seine Macht durchscheinen lassen. Verzweifelte Jüngern fassen neue Hoffnung. Österliche Freude vertreibt die Dunkelheit der Trostlosigkeit. Mit den Jüngern dürfen wir das Träumen wieder wagen, dürfen wir fröhlich unsere Straßen ziehen, aufmerksam und auch gelassener für die Schönheit des Lebens. Denn jetzt ist die Zeit die Fülle des Lebens zu entdecken, die Schönheit der Menschen neben mir und um mich her, die schöne Natur – ob unten im Feld oder oben auf den Bergen, die Freude der alten Frau, und das Lächeln des kleinen Kindes, die Freude der Jungen auf den Neckarwiesen, die Herrlichkeit der Abendsonne, die freundliche Begegnung mit dem längst vergessenen Schulfreund, die Postkarte, die unerwartet dich erreicht. Die Fastenzeit ist vorbei, jetzt ist die Zeit für die Fülle des Lebens, Zeit zum Staunen, Zeit zum Danken, Zeit für das Gedächtnis der Verheißung und der Vision der Freiheit. *„Hebt eure Augen in die Höhe und seht!* Amen.

---

[5] Zit. nach Steffensky, Zehn Gebote, 2014, 46.

Bleiben und Unterwegssein[6]

Suche nach dem Bleibenden

Festtage sind Erinnerungstage. Man erzählt sich von früher, man berichtet von den alten Träumen, und der guten alten Zeit. Man versichert sich des eigenen Lebensweges, entdeckt in ihm vielleicht und hoffentlich Spuren der Gnade Gottes und schöpft daraus Mut für das Kommende.

Festtage sind Erinnerungstage und sie sind Zeiten des Festhaltens. Denn wir tragen in uns eine Sehnsucht nach etwas Bleibenden: Auf jeder Lebensschwelle fragen wir nach dem, was bleibt:

Was bleibt von der Unbeschwertheit der Kindergartenzeit,
wenn das Kind zur Schule geht?

Was bleibt von den Idealen der Jugend,
wenn der Beruf und die tägliche Arbeit beginnen?

Was bleibt von der Junggesellzeit mit all ihren Freiheiten,
wenn wir uns in der Ehe binden?

Was bleibt von der Ehe,
wenn die Kinder geboren werden?

---

[6] Predigt zu Hebr 13,12-14 am Sonntag Judika (6.4.2014) aus Anlass der Jubelkonfirmation 2014 in der Friedenskirche Handschuhsheim. Im Gottesdienst wurde das goldene, diamantene, eiserne und gnadene Konfirmationsjubiläum gefeiert.

Was bleibt,
wenn die Kinder ausziehen?

Was bleibt von mir,
wenn der Ruhestand beginnt und der eigene Rat und die Erfahrung nicht mehr gebraucht wird?

Was bleibt,
wenn im Alter die Kräfte nachlassen und das Leben in seiner Endlichkeit bewusst wird?

Die Frage nach dem Bleibenden ist keine Frage des Alters, vielmehr ist es eine Frage der Sehnsucht nach Sicherheit. Wir Menschen streben nach Sicherheit, nach festen Orten, einem klaren Gerüst für unser Leben. Eine Sehnsucht, die in einer schnelllebigen Zeit, wie der unseren, in der die Jahre wie im Fluge vergehen, in der das, was gestern galt, schon morgen nicht mehr gilt, in der Werte in Frage gestellt werden und in der Banker und Technokraten per Knopfdruck ganze Gesellschaften lahm legen können, nicht nur die Alten umtreibt, sondern auch die Jungen.

Ein Beispiel ist das Lied der jungen Bautzener Rockband „Silbermond", wenn sie in einem ihrer Songs singen: *„Gib mir'n kleines bisschen Sicherheit in einer Welt in der nichts sicher scheint. Gib mir in dieser schnellen Zeit irgendwas das bleibt."*[7]

Wir haben eine Sehnsucht nach Bleibenden. Manche sehnen sich auch danach, dass etwas von ihnen bleibt, wenn sie gehen. Und gewiss von Prominenten bleibt eine Zeitlang etwas zurück – mal mehr und mal weniger. Doch ist es das, was im Leben zählt?

---

[7] Silbermond, Irgendwas bleibt, in dies., Nichts passiert, CD 2009.

Wir haben eine Sehnsucht nach Bleibenden. Wir halten uns gerne am Bewährten fest. Die Vergangenheit als Motor? Was wir kennen, dem schenken wir auch Vertrauen. Aber bringt uns das im Leben voran? Wer nur auf das Bleibende ausgerichtet ist, merkt manchmal gar nicht wie das Leben an ihm vorbeizieht. Auf dem Hintergrund dieser Sehnsucht nach dem Bleibenden höre ich den Predigttext aus dem Hebräerbrief:

„[12]Darum hat auch Jesus, damit er das Volk heilige durch sein eigenes Blut, gelitten draußen vor dem Tor. [13]So lasst uns nun zu ihm hinausgehen aus dem Lager und seine Schmach tragen. [14]Denn wir haben hier keine bleibende Stadt, sondern die zukünftige suchen wir."

Hebr. 13,12-14 (Luther)

Ermutigung: Vor die Tore ziehen

Die drei Verse aus dem Hebräerbrief sind ein regelrechtes Summarium seiner Theologie. Sie sind wie das Leben voller Dynamik und Bewegung. Wir haben eine Sehnsucht nach dem Bleibenden und Bewährten und wir versuchen unsere Sicherheit festzuhalten, uns einzumauern in den Orten und Räumen, in den Gewohnheiten und Traditionen. Dagegen aber steht das Leiden Jesu, dass all diese Mauern der falschen Sicherheiten sprengt. Der Christus hat draußen vor dem Tor gelitten und draußen jenseits der Mauern, jenseits der heiligen Orte hat er durch sein Blut das Volk geheiligt und geheilt.

Wie oft aber versuchen wir unsere heiligen Orte zu bewahren, halten wir fest an den alten, scheinbar bewährten und Sicherheit vortäuschenden Traditionen in einer vorbeirauschenden Welt, in der sich so vieles, so rasant ändert. Wer im Gewohnten bleibt, der bleibt zurück in der Vergangenheit, bleibt zurück hinter dem Eigentlichen. *„Wer sein Leben erhalten will, der wird es verlieren." (Joh 12,25)* Darum ruft der Hebräerbrief auf: *„Lasst uns nun zu ihm hinausgehen aus dem Lager."* Verlasst das Gewohnte für eure Heiligung, verlasst das überkommene Scheinheiligtum des schönen Scheins, um Hoffnung und Gewissheit zu finden. Bleibt unterwegs!

Unterwegssein ist die Signatur des menschlichen Lebens. Der Hebräerbrief nimmt es als zentrales Motiv auf, wenn er vom wandernden Gottesvolk spricht und in der Bibel sind vor allem die Wandergeschichten präsent: der wandernde Abraham, der auszieht aus seiner Heimat, die Fluchten des Jakobs und des Mose, die Wüstenwanderung Israels, der Weg Elias und schließlich der wandernde Charismatiker Jesus von Nazareth. Leben ist Wanderung und Bewegung. *„Denn wir haben hier keine bleibende Stadt, sondern die zukünftige suchen wir.“*

Die biblische Überlieferung ist das eine, unsere Sehnsucht und unser Lebensgefühl ist das andere. Ich höre schon die Konfirmanden von heute sagen: „Ja, super, mal raus aus dem Lager eine neue Stadt suchen. Den Trott zwischen Schule und den Ansprüchen von Eltern, Pfarrern, Lehrern, Geschwistern entfliehen, aufbrechen, anfangen zu leben. Ich bin dabei, da können wir was entdecken und etwas gewinnen.“ Anfangen in der Jugend heißt doch Aufbrechen, Gewinnen, Entdecken, Genießen, frei werden.

Und gegen dieses Gefühl der unbegrenzten Möglichkeiten lese ich die Erfahrungen eines alternden Mannes, wie sie Fulbert Steffensky einfühlsam für sich aufgeschrieben hat, in der Sie sich, liebe Jubelkonfirmanden vielleicht wieder finden:

„Ich habe meinen Beruf verlassen, und ich musste neu lernen, mit mir und meiner Zeit umzugehen, um nicht zu verkommen. Ich werde bald aus dem Haus ausziehen, in dem wir viele Jahre gewohnt haben. Ich werde mich verkleinern, und die Welt wird kleiner. Ich bin dabei, meine Bücher abzugeben. Die Abschiede der Jugend waren aus Anfängen geboren. Meine heutigen An-

fänge sind aus Abschieden und Verlusten geboren. Ich lerne jeden Tag die Endlichkeit des Lebens.“[8]

Für euch Konfirmanden, und euch Jubelkonfirmanden aber gilt die Ermutigung des Hebräerbriefes: *„Denn wir haben hier keine bleibende Stadt, sondern die zukünftige suchen wir.“*

Verheißung: „... die zukünftige suchen wir“

Wir haben eine Sehnsucht nach dem Bleibenden. Drum können wir uns schlecht von Besitz trennen. Drum sammeln wir Schätze, mehr als wir brauchen. Drum nehmen wir das Leben selbst in die Hand im Glauben, wir könnten uns retten. Wir glauben, wir müssten alles nur sicherer machen, alles nur nachhaltiger gestalten, alles nur festigen und stabilisieren. So sind wir ständig damit beschäftigt, das Leben von der Vergangenheit in die Zukunft zu retten. Bis dann eines Tages einer vor uns steht und sagt:

Du Narr! Diese Nacht wird man deine Seele von dir fordern; und wenn wird dann gehören, was du angehäuft hast!“ (Lk 12,31).

In dieses Horn der Ernüchterung bläst der Hebräerbrief mit seiner Ermutigung das Unterwegssein und das Aufbrechen, das Anfangen nicht zu lassen – weder in der Jugend noch im Alter – gegen alle Sehnsucht nach dem Bleibenden.

„Wir haben hier keine bleibende Stadt, sondern die zukünftige suchen wir.“ (Hebr. 13,14)

So ernüchternd resignativ der erste Teil des Satzes daherkommt, so tröstend-dynamisch ist der zweite Teil. Er setzt gegen die Perspektive der Endlichkeit

---

[8] Fulbert Steffensky, Nachtgedanken eines alten Menschen, in ders., Schwarzbrotspiritualität, Stuttgart 2015, 215-234, 225.

das Prinzip Hoffnung. Die Hoffnung heißt: Es gibt eine Stadt die entgegen aller Städte in der Welt bleibt. Doch und das ist das schwierige: Wir können sie nicht erfassen. Wir können sie auch nicht bauen. Diese Stadt ist eine zukünftige, aber sie ist da! Wir müssen sie finden!

„Wir haben hier keine bleibende Stadt, sondern die zukünftige suchen wir." (Hebr. 13,14)

Das Bleibende

Festtage sind Erinnerungstage. Man erzählt sich von früher, man berichtet von den alten Träumen, und der guten alten Zeit. Man versichert sich des eigenen Lebensweges und entdeckt in ihm vielleicht und hoffentlich Spuren der Gnade Gottes und schöpft daraus Mut für das Kommende. Festtage sind Erinnerungstage und sie sind Zeiten des Festhaltens.

Die Kraft, die Funktion des Festes aber ist es, aus der Erinnerung des Vergangenen den Mut für das Leben in der Gegenwart und Zukunft zu schöpfen. Das Bleibende ist das Ja Gottes zu jedem neuen Anfang im Vertrauen auf das Leben und seinen Segen – Gott begleitet unser Unterwegssein und unser Suchen der zukünftigen Stadt.

Vielleicht ist dieses eine Wort das entscheidende: *suchen*. Wir haben noch nicht gefunden. Wir wissen vielleicht auch nicht immer den Weg. Suchen ist auch Probieren, ist ausprobieren. Suchen ist nachdenken. Suchen ist auch überlegen. Suchen ist in Frage stellen. Und: in der Gemeinschaft sucht es sich leichter als allein.

Die zukünftige Stadt suchen wir. Das gilt für uns privat. Eine Einladung und eine Ermutigung, das, was wir im Leben erfahren, was wir erreicht haben, was wir gebaut haben, was wir besitzen, ist nicht alles. Mancher, der nicht loslassen kann, von dem gewohnten, der nicht zu Ruhe kommen kann und abgeben kann an die Jungen, wird es als eine Bedrohung hören. Gewiss man kann auch alles verlieren, aber darum geht es nicht. Das Erreichte bewahrt das Leben nicht. Das Ja zum Leben kommt nicht aus den Gütern, die wir angehäuft haben, und nicht aus der Anerkennung, die wir aus den endlichen Menschenseelen erfahren. Es ist Gottes Ja, das dich konfirmiert, bestärkt, vergewissert.

Der Leidende und die Trauernde wird es als Verheißung hören. Das was ist, ist nicht das letzte Wort. Das, was dein Leben jetzt bestimmt, ist nicht das Ende aller Suche. Nein, es wartet auf dich eine zukünftige Stadt. Mach dich auf und suche sie. Sei unterwegs, vielleicht wie jener Mönch, der eines Tages dem reichen Touristen eine Klosterzelle zur Übernachtung anbietet und gefragt wird:

„Wo sind denn hier die Möbel?“
„Wo sind denn ihre?“, antwortet der Mönch.
„Ich bin ja nur auf der Durchreise!“
Der Mönch lächelt: „Wir auch!“

„Wir haben hier keine bleibende Stadt, sondern die zukünftige suchen wir.“

Das ist Ernüchterung und Ermutigung zugleich. Es stellt das Bestehende in seiner Unabänderlichkeit in Frage und erst recht relativiert es seine Überhöhung. Es richtet unseren Blick auf die Zukunft. Wo ist dies nötiger als in unserer Kirche, die doch zumeist – obwohl Trägerin dieser Botschaft – lange braucht, bis sie sich in ihren Werten, Normen und Riten der Gegenwart und der Zukunft öffnet.

„Wir haben hier keine bleibende Stadt, sondern die zukünftige suchen wir.“ (Hebr. 13,14)

Das ist fast so etwas wie ein protestantisch-konfirmierendes Prinzip, ein Prinzip Bewegung, ein Prinzip Überarbeitung, ein Prinzip Reformation, das Prinzip des alten Konfirmationssegens, in dem Gott euch vor 70, 65, 60 und 50 seinen Schutz und Schirm vor allem Bösen, Stärke und Hilfe zu allem Guten versprochen hat.

Und wenn es nur ganz zaghaft ist – machen wir uns, jung und alt, doch auf die Suche nach der zukünftigen Stadt. Wir werden sie vielleicht auf Erden und in der Zeit gar nicht finden, aber die Suche wird uns zu Menschen und an

Orte führen, da werden wir Gottes Spuren entdecken – und dann ist gewiss: Irgendwas bleibt – Gottes Segen.

Amen.

Verborgene Gerechtigkeit[9]

Was muss ich tun, dass ich das ewige Leben ererbe?[10] – Eine erfrischende Frage eines Schriftgelehrten. Es ist eine zentrale Frage nach Glück, nach erfülltem Leben, nach von Gott geliebten und vor Gott gerechten Leben.

Die Geschichte des Schriftgelehrten der zu Jesus kommt, ist schön, weil sie nicht zuerst ein Streitgespräch ist, sondern ein Lehrgespräch. Ein Gespräch, das sich ganz konkret auf eine Frage bezieht: Wie finde ich ewiges Leben? Was muss ich tun?

Der Schriftgelehrte kennt die zentralen Maximen Gottesliebe und Nächstenliebe. Und es klingt beinah einfach. Fromm sein und gut sein. Ich sehe den Schriftgelehrten schon selbstzufrieden kehrt machen. Und bei sich laut denken:

„Das habe ich ja alles getan! Ich kenne die Schrift – Gottes Wort. Ich bete regelmäßig! Gestern erst habe ich der armen Witwe auf der Straße Almosen gegeben und jeder konnte es sehen. Die Menschen wissen ganz genau, wie gut ich bin. Ich könnte sogar Kanzler oder Minister sein. Ich bin gerecht und liebend, liebenswürdig. Seht her. Der Jesus hat's bestätigt."

Ja, ein Narr, wenn er denkt, Jesus würde ihn ziehen lassen. Der erinnert sich flugs an seine Worte auf dem Berg als er dem Volk sagt:

„Seht zu, dass ihr eure Gerechtigkeit nicht vor den Leuten dartut, um von ihnen gesehen zu werden, sonst könnt ihr keinen Lohn erwarten von eurem Vater im Himmel. Wenn du nun Almosen gibst, so posaune es nicht aus, wie

---

[9] Predigt zu Mt 6,1-4 am 13. So. nach Trinitatis am 25.8.2013 in der Friedenskirche Handschuhsheim.

[10] Die Frage bezieht sich auf die biblische Lesung Lk 10,25-37 (Der barmherzige Samariter), die der Predigt im Gottesdienst unmittelbar vorausging.

die Heuchler es machen in den Synagogen und auf den Strassen, um von den Leuten gepriesen zu werden. Amen, ich sage euch: Sie haben ihren Lohn schon bezogen. Wenn du aber Almosen gibst, lass deine Linke nicht wissen, was die Rechte tut, damit dein Almosen im Verborgenen bleibt. Und dein Vater, der ins Verborgene sieht, wird es dir vergelten.

Mt 6,1-4 (Zürcher)

In der Bergpredigt hatte er ja schon einmal vor heuchlerischer Selbstgerechtigkeit und schauspielerischer Frömmigkeit gewarnt. Denn es ist gefährlich für das eigene Glück, für das gelingende und erfüllte Leben, wenn man es zu sehr von der Zustimmung der anderen abhängig macht.

Der Schriftgelehrte ist mit sich zufrieden. Vorerst. Und viele sind vorerst mit sich zufrieden. Die Wahlkampfmanager reiben sich in die Hände, wenn Sie ihren Kandidaten mal wieder als soziales Gewissen, als Familienmensch, als Wohltäter, als einen hemdsärmligen volksnahen Macher präsentieren konnten. Wenn die Kandidatin charmant und ehrlich, verständnisvoll und liebevoll als „Mutti" rüber kommt. Egal wie die Umfragewerte sind, auf den Marktplätzen sind die Stimmung und die Sympathiebekundung groß. Alles Gewinner – vorerst.[11] Überhaupt: In Wahlkampfzeiten tritt ja unsere sozialethische PR-Strategie besonders pointiert auf den Schirm: Tu Gutes und rede drüber!

Viele haben die Strategie heute verinnerlicht. Tu Gutes und rede darüber! – So heißt die moderne Handlungsanweisung für das gelingende Managen von Politikern über die Sozialverbände bis hin zu den Kirchen. Gutes Tun und darüber sprechen, damit Menschen angesprochen werden. Damit eine Organisation, ein Verein oder auch eine Firma angesehen ist und auf weitere Unterstützung und vielleicht auch auf Kunden hoffen kann. Tu Gutes und rede darüber! Das scheint heute das Erfolgsrezept für einen angemessenen Lohn für

[11] Die Predigt wurde während des Bundestagswahlkampfes 2013 gehalten mit den Spitzenkandidaten Angela Merkel (CDU), die gerne als „Mutti macht das schon" verspottet wurde, und Peer Steinbrück (SPD), über den Helmut Schmidt sagte: „Peer kann Kanzler".

die Arbeit zu sein. Hauptsache eine gute Medienpräsenz, Hauptsache der große Event, das große Lob, die neue Gerechtigkeit heißt Corporate Design und eine gute öffentliche Meinung. Vielleicht noch einen Orden oder eine Plakette für großes soziales Engagement, dann kann es auch wirklich jeder sehen.

Jesus aber mahnt: Vorsicht! *„Seht zu, dass ihr eure Gerechtigkeit nicht vor den Leuten dartut, um von ihnen gesehen zu werden, sonst könnt ihr keinen Lohn erwarten von eurem Vater im Himmel."*

Man soll kein Schauspieler der frommen und gerechten Werke sein, der nach dem Applaus des Publikums trachtet. Also nicht Tu Gutes und rede darüber!, sondern innere Frömmigkeit im Herzen. Nach dem Motto: Handle so, dass deine Linke, nicht weiß, was deine Rechte tut!

Und trotz der sich anschließenden Polemik gegen einige Juden seiner Zeit, das entspricht durchaus der jüdischen Praxis zu Zeit Jesu. Was ist denn so schlimm daran, dass der Gerechte, der Almosengebende, der sich dem Kranken, dem Armen zuwendende, der ehrenamtlich sozial engagierte auch nach Wertschätzung und Öffentlichkeit heischt. Ist das nicht recht und billig?

Was kritisiert Jesus eigentlich in seiner mahnenden Rede? Die Spende, weil der Name des Spenders bei der Spendengala durchs Bild lief? Die Öffentlichkeit des Handelns, weil andere den Helfenden wahrnehmen? Darum mag es ja gehen, aber das ist nicht der Akzent.

In erster Linie geht es um den, der von Räubern überfallen auf der Straße nach Jericho liegt und ohne Hilfe nicht auskommt. Es geht um das hungernde Kind in der Straße von Kinshasa. Es geht um den Armen, um den Unglücklichen! Es geht um den Menschen, der empfangen muss, um zu leben. „Gott ist überall dort gegenwärtig, wo die Unglücklichen um ihrer selbst willen geliebt werden!", schreibt die Philosophin Simone Weil und weiter: „Gott ist nicht gegenwärtig – selbst wo er angerufen wird -, wenn die Unglücklichen nur ein Anlass sind, das Gute zu tun, ja selbst, wenn sie dieserhalb geliebt werden!"[12]

[12] Zit. nach http://www.predigten.uni-goettingen.de/predigt.php?id=443&kennung=20070902de (abgerufen am 4.10.2014).

Beiläufige Gerechtigkeit

Frömmigkeit und gerechtes Handeln eignet sich nicht zur PR-Strategie, denn das Licht fällt nicht auf den Helfenden, sondern auf den, der Hilfe empfängt. Jesus spitzt in der kurzen Mahnung zur Achtsamkeit beim Tun der Gerechtigkeit jene Zusage zu, die er zu Beginn der Bergpredigt machte: „Ihr seid das Licht der Welt.“ (Mt 5,14) Aber eben nicht damit euch die Menschen sehen, sondern damit die Menschen das Licht Gottes sehen.

Der, der Hilfe empfängt, darf nicht zum Zweck werden. Der in Not geratene, der Unglückliche, der Verlorene, der Leidende, soll um seiner selbst willen geliebt werden, Zuwendung und Hilfe, Almosen empfangen. Er ist nicht Mittel zum Zweck, um das eigene Gewissen zu beruhigen. Mir fehlt dies oft, in der Berichterstattung über Prominente, die sich sozial engagieren. Zu sehr liegt der Fokus auf dem Helfenden – PR eben, aber keine Gerechtigkeit vor Gott.

Wie aber sieht sie denn nun aus die Gerechtigkeit, um die es Jesus geht und die er als die bessere Gerechtigkeit bezeichnet? Ich glaube Jesus meint so etwas wie eine beiläufige Gerechtigkeit und eine aufmerksam hinschauende Gerechtigkeit.

„Gott ist überall dort gegenwärtig, wo die Unglücklichen um ihrer selbst willen geliebt werden!“ Gott liebt, den Menschen um seiner selbst willen. Wer im Bewusstsein, aus der Erfahrung dieser Liebe handelt, der wendet sich dem Armen um seiner selbst willen zu. Denn er weiß, dass der Applaus der Menschen ein zeitlicher ist, der schnell verebbt. Gottes Liebe aber bleibt!

Ein Beispiel dieser beiläufigen aufmerksam hinschauenden Gerechtigkeit ist die Geschichte, die sich auf der Straße nach Jericho ereignet hat und mit der Jesus den Schriftgelehrten doch nicht einfach gehen lässt.

Auf der Straße nach Jericho ist ein Mensch unterwegs. Er weiß, was er will, und er weiß, wohin er will - er weiß womöglich auch, wann er wo sein möchte. Aber da kommt etwas dazwischen, und er lässt es zu. Es kommt jemand dazwischen: Ein Mensch in Not. Der Reisende ist allein mit diesem Menschen. Niemand sieht, wie er reagiert. Er könnte seines Weges weiterziehen und den Unglücklichen einfach liegenlassen - irgendwer würde irgendwann schon kommen. Aber so handelt er nicht. Er lässt sich in seinen eigenen Plänen stören und fragt in diesem Moment nicht mehr nach sich selbst. Jetzt geht es nicht mehr um ihn, sondern um einen anderen Menschen, der Hilfe braucht. Der Reisende sieht genau hin, welche Hilfe nötig ist: Erst einmal müssen die Wunden versorgt werden. Dann muss der Mann in eine seinem Zustand entsprechende Unterkunft transportiert werden, und schließlich muss jemand anders gefunden werden, der sich weiter um ihn kümmert, und derjenige muss eine dafür angemessene Entlohnung erhalten. All das geschieht, wie wir wissen: Der Reisende tut nicht mehr und nicht weniger als nötig. Das Nötige tut er in ganz praktischer Güte. Es geht hier nicht um ihn, es geht auch nicht um Gott - sondern um einen Menschen, der Hilfe braucht, und das mit ganzer Aufmerksamkeit und ganzer Zuwendung. Und als alles getan ist, geht er seines Weges.

Verborgene Gerechtigkeit

Habt Acht auf eure Frömmigkeit! Habt Acht auf eure Gerechtigkeit! Es geht um den Menschen. Darum Almosen, Gebet und Fasten sind keine Werke und Methoden, um vor Gott Gerechtigkeit und Lohn zu empfangen. Es geht bei ihnen nicht darum, Gott zu gefallen. Gott ist nicht der drohende Zeigefinger, den manche Eltern gern auspacken, wenn sie mit ihrem Latein am Ende sind: Gott ist Liebe, er wendet sich dir um deiner selbst willen zu. Und Gott hat dies immer schon getan. Wir brauchen Gott deshalb nicht wegen des frommen Handelns zu gefallen, sondern vielmehr: Unsere Gerechtigkeit und Frömmigkeit ist die Antwort auf Gottes Gerechtigkeit.

„Gott ist überall dort gegenwärtig, wo die Unglücklichen um ihrer selbst Willen geliebt werden". Was also musst du tun, dass du das ewige Leben ererbst? Was musst du tun für dein Glück und dein erfülltes Leben?

Vielleicht ist es gar nicht so viel: Lass Gottes Liebe für dich zu. Vertrau darauf, dass Gott durch dich leuchtet und dass es nicht der Menschen Stimmen oder Kreuze ist, die dein Glück garantieren, sondern das eine große Ja Gottes, dass in dir voller Herrlichkeit aufleuchtet und begegnet. Und hab Acht auf deinem Weg – das Licht Gottes wird durch andere Menschen glücklich machen. Oft geschieht es ganz verborgen: du merkst es gar nicht. Aber Gott-Vater, der ins Verborgene sieht, wird es dir vergelten."

Amen.

Auf der Spur der Versöhnung

Vertrauen schafft Freiheit[13]

Der Liedermacher und Kabarettist Hans Scheibner beschreibt in einem seiner Songs all die verschiedenen Schubladen, in die wir andere Leute stecken. Was bist du, ein Kommunist, ein Katholik, ein Polizist, ein Unternehmer, ein Arbeitsloser, ein Student, ein Schrebergärtner? In seinem Lied fragt er die Betroffenen des „Schubladendenkens“:

„Ist das nicht einfach, ist das nicht schön?
Liegen Sie in ihrer Schublade bequem?
Sie haben keine Lust mehr? – Ja so sehn Sie aus!
Wenn Sie erst mal drin sind, kommen Sie auch nicht wieder raus!“[14]

Gewiss man könnte die Liste der Schubladen noch aktuell verlängern: was bist du, ein Konfirmand, ein quengelndes Kind, ein Christ, ein Grüner, ein Sozi, ein Linker, ein Demokrat oder ein Alternativer, Atheist, Kirchenkritiker oder Ältester, vielleicht auch beides – Schublade auf und weg bist du!

Schubladendenken ist Leitkultur: Denn es schafft Ordnung – solange alles in Ordnung ist. Und wer hat sie nicht die berühmte: „Aus den Augen, aus dem Sinn – Krimskram-Schublade.“ Die Problematik des Schubladendenkens aber ist die Einschränkung der Freiheit – wer alles kategorisiert und in Schubladeneinordnung, legt fest und schränkt ein.

Das „nervtötende“ Koalitionsgerede der parteiübergreifenden „Ausschließerrietis“ zeigt ja wohin das führt: Das Ergebnis demokratischer Wahlen, wird in Talkshows mit der immer gleichen Zitation der Vergangenheit umgangen, der Blick verengt auf plakative Vorurteile. Inhalte und Wege aufeinander zu wer-

---

[13] Predigt zu Ex 20,1-17 am 18. Sonntag nach Trinitatis (29.9.2013) in der Friedenskirche Heidelberg-Handschuhsheim.
[14] Zit. n. Wolfgang Gerts, Predigterzählungen – Erzählpredigten. Texte für die Gottesdienste im Kirchenjahr – mit Kasualien, Hannover 2006 (ggg 6), 97.

den mit Vorbehalten gepflastert. Auch Schubladendenken scheint mithin ein Garant für Stabilität zu sein. Freiheit aber funktioniert doch anders. Darum wohl ist die in ihren Schubladen besonders fest gefesselte liberale Partei auch gar nicht mehr im Gespräch. Ist ja auch ein wahrer Hohn der Freiheit, wenn die Freiheitlichen fast alles ausschließen: „Mit uns nicht!"[15]

Wie aber kommen wir aus der Gefangenschaft des Schubladendenkens heraus? Droht dann nicht die Beliebigkeit? Freiheit kann ja auch überfordern und unberechenbar sein.

Zehn Gebote – ein Freiheitstext

Eine mögliche Antwort haben wir heute bereits in der biblischen Lesung gehört. Wie wär's, wenn wir mal wieder die Zehn Gebote zur Hand nehmen. Das ist ja eh beliebt, wenn die Lage aussichtslos ist und die Moral abhanden gekommen ist. Warum nicht einmal mehr auf die guten alten Werte besinnen, die haben die meisten ja schon mal auswendig gelernt? Und so begegnet mir immer mal wieder die Meinung, wenn man sich nur mal an die Zehn Gebote halten würde, dann würde sich alles zum Guten wenden.

Erstaunlich nur, wer ein Buch über die Zehn Gebote zur Hand nimmt, erfährt zunächst, was die Zehn Gebote alles nicht sind, was sie nicht erwähnen, was sie nicht regeln: Sie sagen nichts zu zentralen kultischen Themen. Sie sagen nichts Positives zur Gottesdienstausübung. Sie sagen nichts zu Fragen des Staates, weder zur Staatsform, noch zum Heerwesen, sie sagen nichts über Steuern und zur Außenpolitik. Sie sagen nichts zu zentralen Fragen alttestamentlicher Ethik. Wir hören und lesen in Ihnen nichts zum Verhalten gegen-

[15] Im Jahr 2013 verpasste die FDP erstmals seit Gründung der Bundesrepublik den Einzug in den Bundestag. Eine mögliche Koalition von CDU/CSU scheiterte an offensichtlich tradierten Vorbehalten.

über Armen und Schwachen, Witwen und Waisen oder gar gegenüber Fremden.[16]

Lohnt es sich dann aber überhaupt noch diesen alten Text zu beachten. Ist er nicht ziemlich aus der Zeit gefallen? Die Kulturpessimisten sind ja schon lange der Meinung, dass sich kaum einer mehr an die Zehn Gebote hält. Wäre es nicht besser, dass Gott ihn zurückruft? So geschieht es ja auch in Harry Mulisch Roman „Die Entdeckung des Himmels!"[17]

Immerhin es würde etwas fehlen ohne die Gebote. Nicht die Regeln, nicht das „Du sollst" und das „Du sollst nicht!", aber die Verheißung und die ZuMUTung dieser Worte.

Es würden eben auch die wunderschönen Worte an ihrem Anfang fehlen:

„Und Gott redete alle diese Worte und sprach: Ich bin der HERR, dein Gott, der dich herausgeführt hat aus dem Land Ägypten, aus einem Sklavenhaus."

(Ex 20,1-2)

In diesen Worten spricht das ICH Gottes zum DU des Menschen. Erstaunlich, dass wir meist diese ersten Sätze überlesen, dass sie gar nicht mitgelernt werden. Dabei hängt an der Schönheit und am Inhalt dieser Worte alles Weitere.

Diese Worte machen die Zehn Gebote zu einem Freiheitstext. Gott erinnert an die Befreiung Israels aus dem Sklavenhaus Ägypten. Und der Ort dieser Worte ist die Wüste. Es ist ein Ort jenseits eines staatlich normierten Lebens. In der Wüste findet Israel seine Identität und in der Wüste wird es an seine Freiheit erinnert. Alles Folgende lebt von der Bewahrung dieser Freiheit.

---

[16] Vgl. maßgeblich Frank Crüsemann, Bewahrung der Freiheit. Das Thema des Dekalogs in sozialgeschichtlicher Perspektive, München 1993, 7-11.

[17] H. Mulisch, Die Entdeckung des Himmels, Reinbek 2005.

Der Grund der Freiheit: Vertrauen

Der Grund dieser Freiheit aber ist die Beziehung Gottes: „Ich bin Adonaj, dein Gott". Gott nennt seinen Namen, er vertraut sich und seinen Namen dem DU des Menschen an. Der Mensch wird angesprochen – du wirst angesprochen und Gott will eine persönliche, vertrauensvolle Beziehung. Das Angesprochensein, das DU ist das sich durchziehende Element der Zehn Gebote. Er ist eben darum kein Rechtstext, der in der unpersönlichen dritten Person Singular formuliert ist. Die Bewahrung der Freiheit ist eine Frage der Beziehung zwischen Gott und Mensch.

Der Mensch aber bleibt frei, diese Beziehung einzugehen, oder eben auch nicht. Es gibt keine Androhung von Sanktionen. Eine Beziehung, wenn es sich denn um eine echte Beziehung handelt, lebt aus dem Vertrauen, aus Glauben und eben nicht aus der Androhung von Sanktionen und Strafen. Die Freiheit ist also letztlich eine Sache des Vertrauens. Nicht der Gesetze und Gesetzmäßigkeiten, nicht der Schubladen. Vertrauen aber ist stets gefährdet. Vertrauen ist stets eine Aufgabe.

Die Gefährdung der Freiheit ist das Misstrauen

Die Wüstengeschichte des Volkes Israel zeigt es eindrücklich. Gerade erst befreit aus der Knechtschaft, sucht es den Weg in die Freiheit. Und dieser Weg durch die Wüste ist kein leichter, nicht einmal eben scheint er zu sein, und nicht einmal voller Hoffnung.

Das Volk murrt bisweilen. Das Volk dürstet. Das Volk findet Wasser. Es sammelt Manna und Wachteln. Das Volk wird zu einem heiligen Volk erklärt und zu einem Königreich aus Priestern. Das Volk zweifelt und baut sich ein goldenes Kalb. Das Volk auf dem Weg der Freiheit ist alles andere als vertrauensvoll. Lohnen dann die zehn Gebote überhaupt?

Schon im Midrasch, der erzählenden rabbinischen Auslegung, wird erzählt, wie die Engel bei Gott intervenieren, dass die biblische Weisung aller Gebote, dass die heilige Tora nicht in die Hände der Menschen gehöre. Gott aber widerspricht und dann findet sich ein Gleichnis:

Da war ein Mann mit einem Sohn, der nur neun Finger hatte. Der Mann gab einen Sohn bei einem Seidenspinner in die Lehre, damit er ihn sein Handwerk lehre. Der Sohn macht keine Fortschritte, und der Mann beschwert sich bei dem Meister. Dieses Handwerk, so der Meister, erfordert alle Finger, und deshalb kann dein Sohn es nicht lernen.

Ebenso, heißt es, habe Gott den Engeln gezeigt, dass die Gebote der Tora (nicht nur die „Zehn“) sich auf alle Lebensbereiche erstrecken, für die den Engeln etwas fehlt: Krankheit, Mängel, Gebrechen, Tod, Schuld. Die Gebote setzen also mehr voraus als ein unbeschädigtes, perfektes Leben.[18]

Bemerkenswert ist diese alte Deutung. Weil sie eben nicht die scheinbar vollkommenen Engel als die Perfekten beschreibt. Die haben quasi nur neun Finger. Ihnen, den scheinbar Perfekten fehlt etwas: Die Erfahrung von Leid, von Fehlern und von beschädigtem Leben. Ihre Vollkommenheit ist ihr Mangel. Der Mensch aber, den Gott in den zehn Geboten anredet, mit dem er eine Beziehung eingeht ist ein Mangelwesen. Aber sein Fehlerhaftes, seine Unvollkommenheit macht das ganze Wesen aus. Dass wir der zehn Gebote bedürfen und dass sie lohnen, können wir uns an zehn Fingern abzählen.

„Ich bin Adonaj, dein Gott, der dich aus Ägypten geführt hat, aus dem Sklavenhaus!“ Diese Selbstvorstellung ist die Einladung zum Vertrauen. Und sie spricht dem Menschen sogleich Würde zu. Es ist in dieser Beziehung nicht gleichgültig, was geschieht. Wer sich an den Geboten orientiert der schützt und bewahrt seine Freiheit und seine Würde.

---

[18] Zitiert nach: Jürgen Ebach, Weil das, was ist, nicht alles ist, Theologische Reden 4, Frankfurt a.M. 1998, 53.

Alle Gebote aber sprechen das Vertrauen an: Das Vertrauen zu Gott ist verletzt, wenn andere Götter an seiner statt angebetet werden. Das Vertrauen in die Bewahrung und das gelingende Leben ist verletzt, wenn ich nicht mehr zur Ruhe komme, wenn der Sabbat, der Ruhetag nicht wahrgenommen wird. Das Vertrauen zwischen dem Ich Gottes und dem Du des Menschen spiegelt sich in der vertrauensvollen Beziehung zwischen Eltern und Kindern. Es manifestiert sich, darin dass ich nicht um mein Leben fürchten muss, dass wir einander nicht verleumden, nicht lügen, nicht mobben, nicht misstrauen, nicht bestehlen, nicht beneiden.

Die Kommode im Keller

Im Zuge des Umbaus des Pfarramtes wurde in den letzten Wochen eine alte Kommode mit Schubladen aussortiert und in den Kirchenkeller gestellt. Sie ist jetzt leer und sie ist für eine sinnbildliche Einladung zur Freiheit aus Vertrauen.

Wir könnten auch in der Kirchengemeinde mehr Vertrauen wagen. Uns weniger beäugen. Wir könnten unsere Vorurteile bei Seite legen. Und auch mal wieder auf jene zugehen, über die wir uns geärgert haben, wenn wir weniger nachtragend wären, wenn wir auch mal vergessen und abschließen könnten, wenn wir befreit würden aus unserem misstrauischen Schubladendenken. Öffnen wir doch mal unsere Schubladen und lassen wir sie heraus: die Kritiker, die Festgelegten, die Alten und die Jungen, freuen wir uns über die Vielfalt der Stimmen in Freiheit und lassen wir diese Stimmen klingen, auch wenn sie uns von Zeit zu Zeit stören und verstören. Ganz im Vertrauen, dass Gott zu deinem und meinem Nächsten gesprochen hat: *„Ich bin Adonaj, dein Gott!“*

Es würde uns die Angst und das Misstrauen nehmen und uns mehr Vertrauen schenken. Wie schön wäre eine Gesellschaft, wie schön wäre eine Kirche, in der es weniger Misstrauen gäbe, in der niemand mehr Angst vor dem anderen hätte. Die Schubladen sind offen und leer! Gehen wir gemeinsamen unseren Weg der Freiheit. Es werden alle gewinnen. Das Leben wird einsichtiger und anmutiger und du wirst Dinge entdecken, die längst verloren schienen in der Tiefe jener alten Kommode im Keller. Amen.

Es ist dir gesagt Mensch, was gut ist[19]

Wer hat es nicht schon erlebt? Man ist eingeladen und fragt sich: Was soll ich eigentlich mitbringen? Man kann ja nicht mit leeren Händen in der Tür stehen.

Gaben gestalten Beziehungen. Gaben erleichtern uns manchmal auch das in Beziehung treten. Wir beschenken uns gerne und doch ich finde es immer wieder schwierig, das richtige Geschenk auszuwählen. Was nehme ich mit zu einem Besuch bei einer älteren Dame? Was schenke ich den Mitarbeitenden? Was meiner Frau zu Weihnachten? Gabenwahl ist immer eine heitere Wahl.

Gesteigert aber ist die Frage der richtigen Gaben, wenn die Beziehung gebrochen ist, wenn Schuld im Spiel ist. Nach einer harten Auseinandersetzung fällt es schwer sich anzunähern. Schamvoll, werden die richtigen Worte gesucht. Tastversuche der Annäherung.

Schwer zu erkennen, was der andere wohl erwartet für einen Neuanfang. Schwer zu pflanzen sind die Samen der Versöhnung. Schwer zu finden sind die richten Gaben zur Wiedergutmachung. Meist es erkennen wir: Mit Gaben allein kann man sich Frieden und Vergebung nicht erkaufen.

Menschen geht es mit Menschen so. Gesteigert aber wird die Scham und die Furcht, wenn es um die Annäherung an Gott geht. Wie aber sollen wir uns ihm nahen, vor ihn treten, wenn uns bewusst wird, dass unsere Liebe begrenzt ist, unsere Gerechtigkeit nicht dem göttlichen Recht entspricht, unsere Barmherzigkeit endlich ist? Wie sollen wir uns ihm nahen, wenn uns bewusst wird, dass wir dem Willen Gottes nicht entsprechen?

---

[19] Predigt zu Mi 6,6-8 am 22. Sonntag nach Trinitatis (27.10.2013) in der Friedenskirche Handschuhsheim.

So fragt auch das glaubensmüde Volk Israel im Buch des Propheten Micha:

Mit welcher Gabe soll ich vor den HERRN treten,
mich beugen vor dem Gott der Höhe?
Soll ich mit Brandopfern vor ihn treten,
mit einjährigen Kälbern?
Gefallen dem HERRN Tausende von Widdern,
ungezählte Bäche von Öl?
Soll ich meinen Erstgeborenen hingeben für mein Vergehen,
die Frucht meines Leibes als Sündopfer für mein Leben?

Mi 6,6-7 (Zürcher)

Fragen der Verzweiflung. Es ist offensichtlich: Durch Gaben der Wiedergutmachung wird Versöhnung und Vergebung nicht gesühnt werden. Vertrauen, Glaube und Treue ist keine Frage von Gaben und Opfern. Der Fragende selbst erkennt: „Ich kann mich noch so klein machen – ich kann das wertvollste geben – aber ich werde keine Frieden mit Gott dadurch finden. Gott bleibt unnahbar und fern."

So ist es übrigens auch in unseren menschlichen Konflikten. Ein mit Selbstaufgabe und Erniedrigung erkaufter Friede wird nicht von Dauer sein. Gesühnt wird dann allenfalls der Schaden, aber nicht geheilt wird die Beziehung. Dies gilt es zu bedenken, wenn in Konflikten mit Personen – mit öffentlichen Amtsträgern zumal – seien es Bischöfe, Politiker oder auch nur Lehrer und Älteste – die ritualisierte Forderung nach Ämterverzicht gepaart wird mit der schamlosen persönlichen Diffamierung. So wächst kein Friede! So ensteht keine Basis für eine neue Beziehung.

Was aber sollen wir tun – als Gemeinde, als Volk Gottes um eine heilvolle Beziehung mit ihm zu haben – persönlich und als Gemeinschaft? Sollen wir mehr Opfer bringen? Mehr Gottesdienste feiern? Uns besser auf dem Markt der religiösen Möglichkeiten verkaufen? Sollen wir vielleicht all unsere Beziehungen zu Andersgläubigen, Ausgetretenen, vielleicht gar zur eigenen Familie und den Kindern auf das Spiel setzen, damit wir Gott gefallen? Ist Friede mit Gott und unter den Menschen nur möglich durch die Verleugnung unserer selbst? Wie sollen wir uns Gott nahen? Wie erfüllt sich unsere Sehnsucht nach Frieden? Gibt es einen Ausweg aus dem Kreislauf der ewigen religiösen und zwischenmenschlichen Überforderung?

Auf die sehnsüchtig-verzweifelten Fragen antwortet der Prophet Micha dem Volk:

„Er hat dir kundgetan, Mensch, was gut ist,
und was der HERR bei dir sucht:
Nichts anderes, als Recht zu üben und Güte zu lieben
und behutsam mit deinem Gott zu gehen."

Mi 6,8 (Zürcher)

Eine wohltuende Entlastung und eine angenehme Zurückhaltung stecken in diesem Wort. Es ist kein genervtes „Wie oft habe ich dir schon gesagt …?" und auch kein besserwisserisches „Ich hab doch schon immer gesagt …!".

Nein der Prophet erinnert an Gottes Wort und damit auch an die Erfahrungen des Volkes mit Gott. Es ist ein Wort des Trostes gegen die Resignation. Es ist ein Wort der Entlastung gegen die frömmelnde Überforderung.

Was gut für uns ist, was gut für unser Miteinander ist, das müssen wir uns nicht selber sagen: Gott hat es uns kundgetan. Es ist schon gesagt. Es geht durch die Welt und durch die Zeiten und es wird auch Hörer finden. Es wird Versöhnung stiften und Frieden. Wir müssen darum das Evangelium nicht immer wieder neu erfinden. Wir dürfen einstimmen in die Erinnerungen der Toten und der Alten. Gottes Geschichte erzählen heißt, von dem nachsichtigen, liebevollen, würdevollen Umgang Gottes mit den Unvollkommenheiten der (Mit)Menschen zu erzählen.

Es sind die Geschichten der Befreiung und der Bewahrung. Erinnerung heißt eben nicht nur die Unzulänglichkeiten der Vergangenheiten zu vergegenwärtigen, sondern eben die Taten der Liebe Gottes.

Und noch eines ist wichtig: Es geht bei alledem nicht um Kollektive. Es geht um den einzelnen. Nicht das Volk, nicht eine Partei, eine Kirche, eine Gemeinde, ein Kreis ist angeredet, sondern der einzelne Mensch. Ihm ist kundgetan, was gut ist. Mit dem einzelnen Menschen geht Gott eine Beziehung ein. Sowie ja auch stets der einzelne sich in die Nachfolge Jesu Christi begibt, selbst wenn er Teil einer Gemeinschaft ist. Es geht um dich ganz persönlich, Mensch. Dir ist kundgetan, was gut ist und was Gott bei dir sucht.

In diesem kleinen Wörtchen „Suchen“ löst sich die Verzweiflung und Sehnsucht des Menschen: Ehe du dich Gott nahen kannst. Ehe du dich überforderst und ehe du resignierst in der Frage, wie du vor Gott treten kannst. Ist Gott längst auf dem Weg zu dir. Gott sucht dich. Gott selbst ist der sehnsüchtig Liebende, der den beklagten Unterschied zwischen dir und ihm überwindet.

Gott sucht bei dir. Er ist auf dem Weg zu dir. Er geht dir nach, um jenes bei dir zu finden, was gut ist. Das Gute ist dir gegeben, es ist bei dir zu finden, es ist nichts anderes als die drei Maximen:

Recht üben,
Güte lieben,
behutsam mitgehen mit deinem Gott.

Nichts anderes ist gefordert. Nichts Menschenunmögliches. Wer diese drei Dinge beherzigt, weiß im Grunde alles und ist auf dem richtigen Weg, auch wenn der Weg lang ist und das eine immer wieder neu ins Leben hinein zu buchstabieren ist. Doch was heißt das im Konkreten für unser Handeln und Miteinander?

Recht tun ist die erste Maxime. Recht tun ist mehr als nur Recht anwenden. Recht tun ist in der Bibel ein Eintreten für die Schwachen Benachteiligten. Wie oft verschanzen wir uns hinter dem Recht zur Rechtfertigung unseres unmenschlichen Handelns. Die Frage der Flüchtlinge auf dem Mittelmeer ist keine Frage der Verträge, keine Frage der Kontingente, sondern eine Frage des Rechtes auf Leben und Güte. Recht tun ist dem Schrei der Entrechteten an den Grenzen Europas aber auch auf dem Oranienplatz in Berlin eine Stimme zu geben. Recht tun heißt reden und sich empören, wo andere schweigend zusehen. Recht tun heißt aber nicht, die ganze Welt zu retten, aber: „Wer ein einziges Menschenleben gerettet hat, hat die ganze Welt gerettet.", sagt der jüdische Talmud.

Der Streit ums Recht birgt aber auch eine große Gefahr: Er wird oft erbitterlich und unfreundlich und manchmal gar verbissen geführt. „Auch der Hass gegen die Niedrigkeit verkehrt die Züge. Auch der Zorn über das Unrecht macht die Stimme heiser.", dichtet Berthold Brecht.[20]

Es gibt Leute, die so sehr für die gute Sache streiten, dass die Begegnung mit ihnen einschüchtert und Angst macht. Auf einmal ist es wieder da, das Gefühl der Überforderung, das harte Joch und die schwere Last. Darum nennt der Prophet ein zweites Kennzeichen des Lebens mit Gott, das neben dem Recht nicht fehlen darf.

»Güte lieben«, ist das zweite, was Gott bei uns sucht. Er meint Freundlichkeit, Güte, Liebe, Barmherzigkeit, Zuneigung, aber auch Verbundenheit, Treue, Solidarität. Güte geht über das Recht heraus. Die Güte ist fähig Gren-

[20] Bertolt Brecht, An die Nachgeborenen, in: ders., Gesammelte Werke 9, Gedichte 2 hrsg. von Elisabeth Hauptmann, werkausgabe edition suhrkamp, 1967, S.725.

zen zu überschreiten. Sie ist die Möglichkeit der Versöhnung und Vergebung. Die Güte überwindet den Hass.

Wie sehr aber sind manche Konfliktparteien vom Hass geprägt. Die Güte sucht auch beim Feind nach dem liebevollen und Guten. Der Güte entwaffnet und entlastet, weil sie den Hass ins Lachen verkehren kann. Welch Chance auf den Frieden ist es doch, wenn wir im Streit auch den anderen wie uns selbst erkennen können, bei dem Gott das Gute sucht und es zu finden glaubt. Zu dieser Güte, die wir lieben sollen, gehört schließlich als letztes die Bescheidenheit: „Behutsam mitgehen mit deinem Gott".

Das ist nun wahrlich eine heitere lassende Zumutung Gottes: *„Behutsam mitgehen"*! Glaube ist kein Stehen, sondern ein Gehen. Wer glaubt ist in Bewegung. „Das war schon immer so!" ist eben gerade kein Satz des Glaubens. Wo alles bleibt wie es ist, bleibt am Ende gar nichts. Glaube und Kirche sind nicht allein etwas Bewahrendes, sowie auch der Frieden nicht allein etwas Bewahrendes ist. Glaube und Kirche, Frieden verändern. Glaube und Frieden heißt Losgehen. Deshalb ist die Bibel voll von Aufbruchsgeschichten.

„Wie soll ich mich dir nahen Gott?" „Was muss ich tun für einen gnädigen Gott?", fragte Luther.

Die Antwort könnte lauten:

Brich auf.
Wage es einfach.
Glauben bedeutet losgehen.

Wer immer nur nachdenkt und zögert, erreicht das Ziel nicht. Er ist wie ein Segler, der immer nur den Wind beobachtet und die Karte studiert, aber niemals losfährt. Wer aber einmal losgeht, der merkt plötzlich, wie der Wind ihn beflügelt. Da herrscht z. B. jahrelang Groll zwischen Familien oder Einzelnen. Auf einmal macht einer den ersten Schritt, die Verkrampfung löst sich. Auf einmal spüren wir eine Kraft, die uns trägt.

Darum liebe Gemeinde. Wollen wir doch die Segel setzen! Nicht ewig warten und Bedingungen stellen. Wir segeln durch die Zeiten empören uns, wo die Schwachen und Entrechteten uns brauchen. Wir lieben die Güte, und suchen die Liebe bei den Menschen, die wir nicht verstehen. Wir gehen behutsam mit unserem Gott, wenn wir alle einladen, auch alle die, die noch zögern, die verharren in Vorbehalten. Wir erinnern sie mit Gottes Wort der Entlastung und des Trostes:

„Er hat dir kundgetan, Mensch, was gut ist,
und was der HERR bei dir sucht:
Nichts anderes, als Recht zu üben und Güte zu lieben
und behutsam mit deinem Gott zu gehen."

Und der Friede Gottes, welcher größer ist als unsere Vernunft bewahre eure Herzen und Sinne in Ewigkeit. Amen.

Die Gegenwart der Vergangenheit und die Hoffnung in der Erinnerung[21]

„Gedenken – das heißt, sich erinnern. Das heißt, unsere Gedanken so auf die Toten und ihr Schicksal zu richten, dass ihr Schicksal, ihr Leiden und ihr Sterben, in unser eigenes Inneres, in unser Bewusstsein eingeht und damit auf unser Tun und Unterlassen einwirkt. Und uns damit zum Nachdenken darüber bringt, ob wir nicht nur am Volktrauertag, sondern an jedem anderen Tag des Jahres genug tun, damit sich ein solches Leiden und Sterben nicht wiederholen. Auch damit errichten wir ein Mahnmal – ein Mahnmal des Denkens und des Fühlens in unserem eigenen Inneren."[22]

Gedenken am Volkstrauertag fällt meiner Generation nicht ganz leicht. Ja, ich merke jedes Jahr neu, wenn ich über den Volkstrauertag nachdenke und über die Worte, die ich an ihm sagen will, dass ich nach seinem Sinn fahnde.

In meiner Kindheit und Jugend empfand ich ihn oft als eine rückwärtsgewandte Veranstaltung. Da standen wir nach der Kirche am Ehrenmal für die Gefallenen der Weltkriege. Die Toten waren weit weg für einen 15-18jährigen. Obwohl es doch mein Großvater war, der da gefallen ist und ich einen anderen Großvater hatte, der den Krieg überlebt hatte. Nein, das Gedenken an die Toten der Weltkriege empfand ich als ambivalent, zwiespältig in Anbetracht der Geschichte, in der doch unser eigenes Volk diese Kriege verschuldet hat. Es waren ja keine Verteidigungskriege weder 1914 noch 1939.

Einen anderen Sinn bekam dieser Volkstrauertag für mich und vielleicht für andere meiner Generation erst, als deutsche Soldaten wieder im Ausland

---

[21] Rede zum Volkstrauertag 2012 im Rahmen der Gedenkveranstaltung der Gemeinde Bornhöved sowie 2013 im Rahmen der Gedenkstunde des Stadtteilvereins Heidelberg-Handschuhsheim.

[22] Dr. Hans-Jochen Vogel, Vors. der Bundestagsfraktion der SPD 1985, zitiert nach: http://www.volksbund.de/fileadmin/redaktion/BereichInfo/BereichInformationsmaterial/Volkstrauertag/VT_Handreichung/2012_VT_Handreichung.pdf abgerufen am 17.11.2012.

eingesetzt wurden. Man nannte es zwar nicht Krieg, sondern Kampfeinsatz. Das klingt wohl milder, aber ist letztlich doch nicht ohne Schrecken. Plötzlich waren die Opfer von Krieg und Gewalt nicht mehr so fern. Heute gehören sie in die Nachrichten, werden öffentlich betrauert. Die Gegenwart der Vergangenheit ist Tod durch Krieg, Terror und Gewalt.

Und dafür, meine ich lohnt es sich, innezuhalten und einmal im Jahr kollektiv als Volk und als Völker zu gedenken. Die Worte von Hans-Jochen Vogel bekommen in unserer Gegenwart ein neues Gewicht und zugleich lassen sie mich immer noch fragen, worin liegt die besondere Bedeutung diese Tages, seine Notwendigkeit jenseits aller Tradition?

„Gedenken – das heißt, sich erinnern. Das heißt, unsere Gedanken so auf die Toten und ihr Schicksal zu richten, dass ihr Schicksal, ihr Leiden und ihr Sterben, in unser eigenes Inneres, in unser Bewusstsein eingeht und damit auf unser Tun und Unterlassen einwirkt."

Die Gegenwart der Vergangenheit ist die Zwiespältigkeit unserer Trauer. An wen denke ich, wenn ich die Namen der Toten betrachte?

Ich denke an meine Großväter. Der eine im Krieg, in Stalingrad vermisst. Eine Grabplatte ziert das Familiengrab in Oldenburg in Holstein. Ob es auch ein Kriegsgrab gibt – wir wissen es nicht. Überhaupt weiß ich nicht viel über diesen Großvater. Nur so viel: Er war ein Nazi – ein Parteifunktionär. Als solcher musste er nicht an die Front. Aber er meldete sich – obwohl Vater dreier kleiner Söhne – dennoch freiwillig. Ein Brief aus Stalingrad ist überliefert, der Zeugnis gibt, dass er in Stalingrad sein Ende finden wollte. Gewiss es lässt sich viel spekulieren, warum einer im Krieg freiwillig den Tod finden will. Vielleicht aus Einsicht in die barbarische Ideologie seine Partei, vielleicht aus Angst vor Gefangenschaft hüben wie drüben.

Warum aber ist dieser Großvater – trotz seiner Täterschaft, eine Erwähnung am Volkstrauertag wert? Weil wir die Täter nicht verschweigen wollen! Weil wir nicht schweigen wollen! Nein die Täter bleiben Täter, zurück aber bleiben die Opfer. Die Opfer der Täter, jene die unter ihnen gelitten haben bis in den Tod durch Gewalt, Schrecken und Krieg. Aber auch die Täter hatten Kinder und Frauen. Diese Kinder wuchsen ohne Väter auf. Diese Kinder hörten nicht die Geschichte – auch nicht die Geschichte des Versagens. Diese Kinder fühlten nicht die Liebe eines Vaters und sie fanden nicht die Auseinandersetzung mit ihm über die Geschichte. Nein, sie trauerten mit der Mutter um den Vater. In dieser Trauer müssen wir sie ernstnehmen. Dies ist der eine Teil der Gegenwart der Vergangenheit.

Aber es gibt noch eine andere Gegenwart der Vergangenheit. Es die Gegenwart der Mahnung: Achtet darauf, dass ihr nie wieder schweigt!

Diese zweite Gegenwart der Vergangenheit verbinde ich mit meinem anderen Großvater. Er war ganz und gar nicht freiwillig im Krieg. Nein widerwillig tat er seinen Dienst. Jede Beförderung lehnte er ab. Er wollte nur eines: Den Krieg überleben. Vielleicht war es sein Glück, dass er schon früh in Afrika in die Gefangenschaft der Amerikaner kam. Vielleicht war das seine Bewahrung. Seinen Kindern und Enkelkindern hinterließ er Erinnerungen an diese Zeit. Und immer wieder suchte er mit mir das Gespräch über diese Zeit. Seine Botschaft war immer wieder: Die empfundene Ohnmacht gegenüber seiner verschwendeten Jugend, über die verlorenen Jahre, aber auch die Mahnung: *Schweigt nicht. Habt keine Furcht!* Das Unrecht eines Krieges gegen wen und wo auch immer darf sich nicht wiederholen.

Der Volkstrauertag macht die Vergangenheit gegenwärtig. Denn wir denken an die Opfer. An die Toten, an die die durch Kriegshandlungen, Gefangenschaft, als Vertriebene und Flüchtlinge ihr Leben verloren. Aber auch an jene, die verfolgt, deportiert und getötet wurden, weil sie einem anderen Volk, einer anderen Rasse zugerechnet wurden, weil sie eine Minderheit waren oder weil sie als lebensunwert eingestuft wurden.

Wir denken an das Entsetzen des Schweigens gegenüber den Leidenden und den Opfern. Wir denken an die Ohnmacht eines Volkes. Und wir denken an die Schuld unserer Vorfahren.

Die Gegenwart der Vergangenheit ist heute unsere Verantwortung: Zu reden, hinzuschauen, einzuschreiten überall wo Unrecht geschieht. Das Schweigen unserer Vorfahren – wenn auch nur aus Angst und Furcht – bleibt im Ergebnis die Solidarität mit den Tätern. Dieses Schweigen möge für uns heutigen die Motivation zum Reden, zum Einschreiten sein und auch zum Erinnern.

Gründe zu reden gibt es viele. Deshalb ist der Volkstrauertag als Gedenktag auch dies: die Opfer als Mahnung zu nehmen. Nicht nur jene, deren Namen in und an unseren Kirchen und auf den Gedenksteinen genannt sind, nein auch die vielen anderen aller Völker und auch jene die durch unsere nationale Verstrickung in Krieg und Gewalt jeden Tag dazukommen. Die Toten – Täter und Opfer – sind uns darum eine gegenwärtige Mahnung.

„Gedenken – das heißt, sich erinnern. Das heißt, unsere Gedanken so auf die Toten und ihr Schicksal zu richten, dass ihr Schicksal, ihr Leiden und ihr Sterben, in unser eigenes Inneres, in unser Bewusstsein eingeht und damit auf unser Tun und Unterlassen einwirkt. Und uns damit zum Nachdenken darüber bringt, ob wir nicht nur am Volktrauertag, sondern an jedem anderen Tag des Jahres genug tun, damit sich ein solches Leiden und Sterben nicht wiederholen. Auch damit errichten wir ein Mahnmal – ein Mahnmal des Denkens und des Fühlens in unserem eigenen Inneren."

In diesem Sinne: Gedenken wir! Vergessen wir nicht! Schweigen wir nicht! Mischen wir uns doch ein – im Alltäglichen! Denn nur wer das Schweigen bricht beginnt den Opfern ihre Würde zurückzugeben. Solidarisiert sich mit den Opfern.

Das aber ist für mich der Anfang des Friedens. Erinnerndes Reden, das Brücken baut. Das ist die Amme der Hoffnung.

Auf der Spur der Gelassenheit

Entschleunigung als Lebensgewinn[23]

7 Denn Gott hat uns nicht gegeben den Geist der Furcht, sondern der Kraft und der Liebe und der Besonnenheit. Darum schäme dich nicht des Zeugnisses von unserm Herrn noch meiner, der ich sein Gefangener bin, sondern leide mit mir für das Evangelium in der Kraft Gottes.

9 Er hat uns selig gemacht und berufen mit einem heiligen Ruf, [a]nicht nach unsern Werken, sondern nach seinem Ratschluss und nach der Gnade, die uns gegeben ist in Christus Jesus vor der Zeit der Welt, 10 jetzt aber offenbart ist durch die Erscheinung unseres Heilands Christus Jesus, [a]der dem Tode die Macht genommen und das Leben und ein unvergängliches Wesen ans Licht gebracht hat durch das Evangelium!

2 Tim 1,7-10 (Luther)

Was hindert uns an einem erfüllten Leben?

Vielleicht ist es die Frucht, den Ansprüchen nicht gerecht zu werden. Da sehe ich euch Konfirmanden nachmittags im HEJ[24]! Acht Stunden Schule liegen hinter euch. Manche haben kaum das Mittagessen verdaut um 16:00 Uhr.

Konfirmandenunterricht und die Mahnung: Herr Pastor, ich muss aber heute schon früher gehen – Fußballtraining, Kieferorthopäde, Nachhilfe, Hausaufgaben, Musik. Volles Programm! Die Zeit ist knapp heute.

[23] Predigt zu 2Tim 1,7-10 am 16. So. nach Trinitatis (19.9.2010) in der Vicelinkirche St. Jakobi Bornhöved.

[24] HEJ ist die Abkürzung für Haus der Evangelischen Jugend in Bornhöved, das seit 2007 nachmittags für Jugendliche geöffnet ist.

Da sehe ich meinen Terminkalender: Gespräch reiht sich an Gespräch – Kindergarten, Taufgespräch, Trauergespräch, Dienstgespräch, Telefongespräche, ein kurzes Mittagessen mit der Familie. Und weiter geht's im Sauseschritt – Konfirmandenunterricht – Kirchenvorstand – und irgendwann ein paar Minuten am Schreibtisch.

Da sehe ich die vielen Arbeitnehmer, die Eltern, die Rentner, immer auf der Reise. Immer noch mehr! Können wir nicht stillstehen? Was treibt uns an zu dieser Beschleunigung unseres Lebens? Selbst im Fernsehen gibt es immer schnellere Schnitte und immer kürzere Sequenzen. Alles scheint in Hast und Eile.

Was hindert uns die Gegenwart zu entschleunigen? Was hindert uns an der Ruhe? Ist es vielleicht die Angst vor dem Abstieg?

Früher war das Erziehungsmotto vieler Eltern: „Unsere Kinder sollen es einmal besser haben als wir!" Heute, liebe Konfirmanden, habt ihr alles, was selbst meine Generation nicht einmal kannte. Und doch das Leben ist schnell, ich sehe euch selten entspannt. Ihr scheint immer unter Druck, zwischen Referat und Klassenarbeit, Notendruck und immer wieder der Slogan „Schule ist wichtiger!" Wir hätten diesen Satz vor zwanzig Jahren niemals über die Lippen gebracht. Wir hatten viel mehr Zeit und Gelassenheit. Wir hatten aber auch viel weniger Sorge um die Zukunft. Ist das Erziehungsmotto unserer Gesellschaft heute vielleicht: „Unseren Kindern soll es nicht schlechter gehen als uns!"?

Wenn ich unsere Gesellschaft mit all ihren politischen, vor allem bildungspolitischen Entscheidungen betrachte, so nehme ich geradezu eine Panik vor Stillstand und Abstieg war. Wir wollen alles möglichst schnell: Abitur in acht Jahren, das Studium in drei und das alles möglichst ohne eine Reduzierung des Lernstoffs. Zugleich aber klagen viele über die mangelnden Fähigkeiten vieler Ausbildungsbewerber. Absurd unsere Gesellschaft, am Beginn des 21.

Jahrhunderts züchtet sie das Burn Out heran. Alles aus Angst vor Abschwung! Denn Abstieg ist der Tod. Nur Wachstum und Wohlstand ist Leben.

Und nicht nur dass alles schneller wird, nein, die langsamen bleiben auf der Strecke. Was wird aus den Schwachen, gibt es nicht auch ein moralisches Recht auf das eigene Tempo? Ist die Ellbogengesellschaft wirklich die einzig mögliche unter modernen Bedingungen? Ist das ständig posen, ist das immer besser sein wollen, ist der Fortschrittsglaube wirklich in jeder Hinsicht ethisch lebensdienlich? Gibt es irgendetwas, das wir dem entgegen setzen können?

Ich meine ja! Wir haben es gerade gefeiert. Wir haben die Taufe von Joris und Mathes gefeiert. Wir sind Zeugen geworden, dass die Zusage des Lebens nicht gebunden ist an Beschleunigung und Turbo-Abitur, dass es keine Frage des immer schneller, immer mehr, immer größer ist, sondern dass es einfach die Zusage Gottes an zwei Kinder ist: Du sollst das ewige Leben haben! Du sollst leben, weil der Tod keine Macht über dein Leben hat! Du wirst Leben wie der Auferstandene! Denn Christus *hat dem Tode die Macht genommen und das Leben und ein unvergängliches Wesen ans Licht gebracht durch das Evangelium!*

In dieser biblischen Erkenntnis liegt nicht weniger verborgen, denn die Wahrnehmung, dass die Liebe zum Leben nichts Zukünftiges ist, dass die wahre Würde des Lebens nicht von den wirtschaftlichen Fakten abhängt, sondern dass dein Leben zu allererst und ganz ohne die Perspektive Zukunft ein bejahtes, ein angenommenes, ein geschenktes, ein geliebtes Leben ist.

Sehen wir doch auf die Kinder, wie Joris und Matthes: Sie leben entschleunigt. Gewiss sorgen sie manchmal für Hektik, wenn der Hunger schreit, aber Kinder sind Meister der Entschleunigung, denn sie nehmen sich Zeit fürs Staunen, Zeit fürs Leben. In meinem Leben sind es meine Kinder, die bremsen, wenn sie langsam die Treppe hochgehen, wenn sie alles ganz genau betrachten, wenn sie hier und da stehen bleiben, nur um einen Marienkäfer beim Überqueren einer Straße zu beobachten.

Lernen wir von unseren Kindern die Entschleunigung des Lebens, damit wir das Leben wieder wahrnehmen, mit all seinen Wundern, dass wir das Staunen wieder lernen, über die Farben, über die Tiere, über unsere Liebsten. Halten wir inne – lassen wir uns Zeit. *Denn Gott hat uns nicht gegeben den Geist der Furcht, sondern der Kraft und der Liebe und der Besonnenheit.*

Dieser Satz aus dem 2. Timotheusbrief ist für mich geradezu ein Appell zur Langsamkeit, zur Entschleunigung. Obwohl halt! Ich halte inne! Haben wir keinen Geist der Furcht?

Das griechische Wort das Luther mit Furcht übersetzt, heißt wörtlich „Ängstlichkeit" und „Verzagtheit". Das ist aber etwas anderes als Furcht. Ich meine, wir haben so etwas wie eine ethische Pflicht zur Furcht, denn die Furcht ist unser kritischer Verstand, der das Übel benennt, um das Gute hervorzukehren.

Haben wir also noch genug Furcht? Wie gehen wir um, mit den allabendlichen Todesnachrichten im Fernsehen, in den PC-Spielen, in den Nachrichten? Fürchten wir den Tod noch? Verdrängen wir den Tod nicht immer wieder und setzen damit unser Leben auf das Spiel, weil der Tod doch nur etwas Virtuelles ist. Was aber wenn der Tod real ins Leben tritt? Dann nehmen wir ihn als eine Erinnerung des Lebens wahr. Der Tod ist eine Erinnerung, wie wertvoll dieses Leben ist. Lasst uns ruhig die Furcht entdecken, aber lasst uns auch erinnern, dass diese Furcht keine Ängstlichkeit und Verzagtheit ist, die uns fesselt und einschließt im Kreisen um uns selbst. Die Ängstlichkeit und Verzagtheit unserer Tage lässt uns nicht zufrieden sein, lässt uns hetzen und aus dieser Ängstlichkeit vor der Zukunft treiben wir unsere Jugend durch das Leben ohne Rast und Ruh. Erinnern wir uns aber daran: „Gott hat uns nicht gegeben einen Geist der Ängstlichkeit und Verzagtheit!"

Was haben wir der Ängstlichkeit der sich immer mehr beschleunigenden Ellbogengesellschaft entgegenzusetzen? – Der Paulus des 2. Timotheus erinnert wieder an einen Geist, an den Geist der Kraft und der Liebe und der Besonnenheit, den wir in der Taufe empfangen haben als einen Geist zum Leben. Kraft, Liebe und Besonnenheit, diese drei sind nicht voneinander zu lösen. Die drei zusammen bilden ein sinnvolles Ganzes. Kraft, Liebe und Besonnenheit, diese drei bilden ein Mobile, in dem sich die einzelnen Teile gegenseitig halten und ausbalancieren. Nähme man einen Teil heraus, dann würde das ganze Gebilde zusammenfallen.

Kraft ist gewiss gut. Aber wie oft erleben wir Kraftmeierei, ein Kräftemessen nach dem Motto nur die Stärksten und Härtesten kommen durch. So wie in den Castingshows auf RTL und Pro7. Kraft ist gut aber ohne Liebe und Besonnenheit wird aus der Kraft leicht Kraftmeierei. Wir Christen setzen der Kraft und der Ellbogengesellschaft gerne allein die Liebe und Besonnenheit entgegen. Und wir wundern uns, wenn man uns als ewig Liebende belächelt wie zahnlose und zahme Tiger. Aus Liebe stehen wir oft in der Gefahr, lieben mit lieb zu verwechseln und Besonnenheit mit Anpassung. Wohl deshalb haben die Kirchen ihren Einfluss verloren, weil sie auf die Kraft verzichtet haben. Bloß nicht anecken. Das Evangelium aber will verändern, es hat eine revolutionäre Kraft, es will das Leben neu machen gegen den Tod.

Gegen den Tod und das versäumte Leben, sehen wir auf Joris und Matthes und erinnern uns das Ja zum Leben! Ein Ja vor aller Bilanz, ein Ja für das Leben, das geliebt wird, ein Ja für das Leben, dass nicht an Plänen und Lehrplänen ausgerichtet ist, sondern das bestaunt und entdeckt werden will, dass angesehen will, als ein großes Geschenk des Schöpfers.

Gegen Tod lasst den Geist der Kraft und der Liebe und der Besonnenheit aus uns sprechen für mehr Menschlichkeit, für mehr Solidarität und Frieden und vor allem auch für mehr Zeit für Ruhe. Gott der Schöpfer selbst sei uns ein

Vorbild. Nach sechs Tagen des Schaffens, hat er seinen ersten Segen am siebten Tag gesprochen: Gottes Segen galt dem Sabbat, dem Ruhetag.

Der wöchentliche Ruhetag ist aber nie nur eine Vergegenwärtigung des Anfangs, sondern auch eine Vergegenwärtigung der Erlösung am Ende. Er ist Zeit der Erinnerung und Zeit der Hoffnung. Am Sabbat wird die vergängliche Zeit aufgehoben, die Zeit des Todes vergessen und die Zeit des ewigen Lebens wahrgenommen. Am Sabbattag, am Ruhetag betrachtet Gott wie ein Künstler sein Schöpferwerk. So kannst auch du dein Leben betrachten und erkennen und hören, du bist mehr als deine Schaffenskraft, mehr als deine Mathenote, mehr als die zwischen Terminen gehetzte. Du bist angesehen als eine Geliebte Gottes, der dir das Leben gab, damit du es lebst mit Freude. Gott der Schöpfer selbst schenkt uns diese Zeit der Ruhe als eine Zeit für das bewusste, das erfüllte Leben. Über dieses Leben, über das, was du anderen bedeutest, deinen Eltern, deinen Freunden, deinen Kindern vielleicht, darüber lohnt es sich inne zu halten und zu staunen. So wie Joris und Matthes staunen in aller Langsamkeit und Besonnenheit. Amen.

Leben „als ob nicht“?[25]

„Es ist dir gesagt, Mensch, was gut ist und was der Herr von dir fordert, nämlich Gottes Wort halten und Liebe üben und demütig sein vor deinem Gott.“ (Mi 6,8)

Ja richtig, in der Zeit des Propheten Micha, im 8. Jahrhundert vor Christus, mag das ein einfacher und klarer Satz gewesen sein. Aber wir leben doch fast 3000 Jahr später. Die Bibel heute ist für viele von uns eine Richtschnur, Trostbuch, fester Halt. Aber sie ist auch ein Museum, dessen Texte und Papyri von alten Gotteserfahrungen künden. Texte und Papyri – Erfahrungen von Menschen geschrieben, gesammelt, überliefert. Die Bibel ist Richtschnur und Trostbuch heute, aber nur wenn wir bedenken, dass unsere Zeit eine andere ist, wir leben nicht in biblischer Zeit. Unsere Lebensverhältnisse sind andere. Wir müssen fragen, was uns die Bibel heute– in unserer Zeit sagen will. Im biblischen Museum stehen wir heute Vormittag vor einer Vitrine, in der auf einem Papyrus ein Teil des 1. Korintherbriefes liegt. Paulus schreibt dort:

Das sage ich aber, liebe Brüder:
Die Zeit ist zusammengedrängt.[26]
Fortan sollen auch die, die Frauen haben, sein, als hätten sie keine;
und die weinen, als weinten sie nicht;
und die sich freuen, als freuten sie sich nicht;
und die kaufen, als behielten sie es nicht;
und die diese Welt gebrauchen, als brauchten sie sie nicht.
Denn das Wesen dieser Welt vergeht.

1Kor 7,29-31 (Luther)

---

[25] Predigt zu 1Kor 7,29-31 am 20. So. nach Trinitatis (21.10.2012) in der Vicelinkirche St. Jakobi zu Bornhöved.

[26] Die abweichende Übersetzung mit „zusammengedrängt“ entspricht dem griechischen Urtext besser.

Ein gewiss kurzer Ausschnitt aus dem großen Korintherbrief, aber einer der staunen lässt. Gut dass, da eine Vitrine uns vor dem Text und den Text vor uns schützt. Er hat einen giftigen Inhalt. Er rechnet mit dem nahen Weltende und leitet aus ihm seine Ethik ab. Das ist gefährlich! Das merkten schon die Christen einige Jahre später, als sie mit Lukas und dem 2. Petrusbrief feststellten, dass die Zeit gar nicht auslief, dass sie nicht so zusammengedrängt ist. Das Weltende ließ und lässt auf sich warten. Unsere Ethik lässt sich nicht mit dem nahenden Weltende begründen, soll sie nicht zynisch werden.

Gewiss: jeder Reiche, der seinen Reichtum verbirgt, der statt mit dem Maibach mit einem rostigen Klappfahrrad durch die Gegend fährt ist irgendwie sympathisch. Er hat, als hätte er nicht. Aber heute haben ja die meisten eh nicht, und wenn Reiche gefragt werden, wo Reichtum anfängt, dann antworten sie dort, wo die noch Reicheren sind.

Und gewiss auch ein nachhaltiger Umgang mit der Welt wäre wünschenswert. Die Welt zu nutzen, als nutze man sie nicht. Das ist auch ohne Weltende sinnvoll, schon im Hinblick auf die Bewahrung der Schöpfung und der Lebensgrundlage gerade ohne Weltende dringend geboten.

Aber dann schließe ich mich der harschen Auslegung meines Lehrers Peter Lampe aus Heidelberg gerne an: „Dem Weinenden heute zu sagen, er solle sich nicht so anstellen, weil eh bald alles vorbei sei, ist zynisch. Und wer heiratete und mit seiner Frau Sexualität auslebt, wozu Paulus im Kapitelanfang ermutigt, soll sonst so tun, als habe er keine Frau? Die Dame wird sich bedanken! Sie wird ihrem Lover seine Lieblosigkeit um die Ohren schlagen. Nur hermeneutische Verdreher vermögen hier noch etwas Positives zu entdecken: Paulus meine, niemand solle seine Partnerin als Besitz betrachten, sondern ihr die Freiheit des Gegenübers, der eigenen Entwicklung lassen. Nein, darüber dachte Paulus *nicht* nach. Leider nicht. Vielmehr beschäftigte ihn, wie man innere Distanz zur Welt, auch zur Partnerin, zu gewinnen vermag; wie man von all dem in Kürze Flüchtigen sich möglichst innerlich verabschiedet: frei macht. Die giftige Patina des Textes ist ein Amalgam von eschatologischer Naherwartung und Ethik. Es erzeugt den Hautausschlag des Zynismus, sobald menschliche Beziehungen zum Gegenstand der Ethik werden."[27]

Wie also gehen wir um mit diesem Text in der Vitrine, wenn wir ihn nicht einfach ins heute sagen können. Jedenfalls will ich weinen, wenn ich weine. Und ich will mich freuen, wenn ich mich freue. Ich will auch meine Frau, meine Kinder, meine Freunde haben. Ich will meine Beziehungen und Emotionen nicht unterdrücken, weil alles morgen auch ganz anders sein könnte, denn ich zweifle nicht – auch gegen den Maya-Kalender – dass nach 2012 das Jahr 2013 kommt. Diese Welt vergeht nicht so schnell, aber sie wird eine andere.

Gedrängte Zeit

Im Ohr klingt nach: *Die Zeit ist zusammengedrängt.* Zeit ist knapp. Zeit ist Geld. Die Zeit vergeht immer viel zu schnell. Die Ferien sind vorüber. Der Urlaub vorbei. Zeit ist ständig Thema. Heute gibt es Zeitmanagement. Und so manches, was die Zeit betrifft, hat heute einen ganz anderen Sinn, weil wir Zeit anders erleben. Zeitlosigkeit war einst ein Begriff für etwas, was über mehrere Generationen galt und überdauerte. Heute ist Zeitlosigkeit doch eher eine Zustandsbeschreibung für aktive Rentner, die ob ihrer Verpflichtungen und Termine keine Zeit mehr haben. Sie ist ein Zustand für die Jugendlichen, denen der Schuldruck jede Zeit zu nehmen scheint, aber auch für jene vielleicht, die einfach nur daliegen, weil sie nicht mitkommen. Wie empfinden

[27] Peter Lampe, Die Flucht unserer Tage, Predigt zu 1Kor 7,29-31, abgerufen am 20.10.12 unter http://www.theologie.uni-heidelberg.de/universitaetsgottesdienste/2010_bis2008.html.

eigentlich alle jene ihre Zeit, die der Schnelllebigkeit der Zeit nicht mehr folgen können?

Ja, Paulus. Die Zeit ist zusammengedrängt. Denn wir haben unsere Zeiten verloren. Einst galt der schöne Text aus dem Prediger Salomo: „Alles hat seine Zeit!“ Und alles zu seiner Zeit! Heute geschieht alles zu jeder Zeit: Banal: Der Fernseher läuft beim Essen. Wir sind immer „on“. Berufliche Erreichbarkeit möglichst auch in der Freizeit, die dann keine mehr ist. Unsere zusammengedrängte Zeit ist eine Zeit ohne Rhythmus, ohne Struktur. Wir haben die Zeiten verloren und zusammengedrängt. Gewiss es gibt auch die ganzen andere Zeiterfahrungen. Ich denke an die gestreckte und nicht enden wollende Zeit jener, denen die Aufgaben fehlen, die nicht mehr rauskommen aus dem Haus. Wie irritierend ist es doch, wenn man plötzlich herausgerissen wird aus der gedrängten Zeit und dann einen Rhythmus schaffen muss.

Die Zeit ist zusammengedrängt.

Es gibt noch eine zweite Erfahrung, die wir machen. „Die Zeit drängt!“ – Wir nehmen die Not dieser Welt wahr, die Not der Schöpfung, in der wir leben. Die Zeit drängt! Wir wissen, dass wir handeln müssen, bevor es zu spät ist, denn zu unserem aufmerksamen und sensiblen Zeitgefühl gehört auch das Leiden an und mit der Welt, in der wir leben. Die Zeit drängt!

Die Zeit drängt zur Energiewende. Die Zeit drängt, endlich Wege der nachhaltigen Versöhnung zwischen der westlichen Welt und dem Nahen Osten zu finden. Die Zeit drängt zu Frieden in Palästina, denn die Bomben und Raketen fallen zulange auf Gaza und Ramalah, Tel Aviv und Haifa.

Die Zeit drängt, dass wir den Hunger in dieser Welt vernichten. Wir leiden am Hunger in dieser Welt. Wenn das bescheidene Ziel die Hungernden der Welt auf eine halbe Milliarde zu reduzieren verfehlt wird, dann leiden wir nicht nur an unserer Unfähigkeit der gerechten Verteilung, sondern auch an unserer fehlenden Hoffnung, den Hunger aus der Welt zu verbannen. Können wir wirklich eine halbe Milliarde Hungernder besser ertragen als 800 Millionen? Das bleibt doch ein ganzer Kontinent im Hunger.

Das Erleben der Zeit und das Leiden an der Welt sind nicht voneinander zu trennen. Die Zeit ist zusammengedrängt. In dem Paulustext in der Vitrine des biblischen Museums entdecke ich eine Hoffnungsbotschaft: Die Vision eines kommenden Reiches Gottes. *Die Zeit ist Geheimnis. Sie ist im letzten nicht planbar, sie ist unverfügbar und vergänglich.* Einmal aber wird es eine andere Zeit geben, in der diese Welt verändert, verwandelt ist. Das was wir erleben und woran wir leiden ist nicht das letze Wort Gottes.

Und bis dahin?

In seinem giftigen Text entwirft Paulus den Versuch einer gelassenen Ethik. Wir haben schon erkannt, welcher Zynismus darin steckt. Es ist ein Leben, *als ob nicht ….* Was kann das heute sein, können wir den giftigen Text heute neu lesen? Einen Versuch ist es wert! Doch das ist nur möglich, wenn wir erkennen: Wir lesen und hören das „als ob nicht“ des Paulus als Hoffnung und Ermutigung zur Freiheit ohne den Zynismus der Naherwartung. So wie Paulus sagt: „Zu Freiheit hat uns Christus berufen!“

Dann kann ich das „Als ob nicht …“ hören:

Die die Partnerinnen und Partner haben, sollen sein, als hätten sie keine;
Liebe deine Frau,
liebe deinen Mann,
Nimm sie wahr als ein Geschenk,
hüte deine Beziehungen wie einen kostbaren Schatz
mit Ernst und mit Treue,
mit Würde und Achtung, dir und deinem Partner, deiner Partnerin gegenüber

und allen die aus deiner Partnerschaft hervorgehen,
aber mach nicht das ganze Leben von dem Gelingen deiner irdischen Beziehungen abhängig:

Wenn die Ehe tyrannisch wird,
wenn die Beziehung in die Brüche geht,
dann denke nicht du musst es auf jeden Fall kitten,
davon hängt dein Heil nicht ab.
Gottes Liebe umfängt die jenseits aller irdischen Beziehungen.

Nutze deine Freiheit,
lerne Gelassenheit:
Freiheit und Gelassenheit – vielleicht sind es die wahren Werte des Glaubens.

Die die weinen, sollen sein, als weinten sie nicht;
Du darfst traurig sein, du darfst weinen,
kein Gott des Erbarmens, kein Gott der Liebe,
wird dir jemals deine Emotionen verbieten.
Nein, Gott sieht deine Traurigkeit,
Gott zählt alle deine Tränen,
Dein Weinen ist sein Schweigen,
schweigend ist er dir nah,
wie er Jesus am Kreuz nah war.
Er teilt durch Christus deine Ohnmacht.
Aber die Zeit ist kurz, die Zeit ist gedrängt,
Das Leiden,
dein Leiden wird nicht das letzte Wort sein,
Ja auch das Schweigen Gottes wandelt sich!
Wir haben es doch gesehen im Kreuz und in der Auferstehung Jesu.

Die die sich freuen, sollen sein, als freuten sie sich nicht.
Du darfst dich freuen!
Freude am Leben ist vielleicht die ganze Fülle und Dankbarkeit über das Leben,
aber deine Freude verstelle dir nicht den Blick auf die Welt,
Die Zeit ist kurz,
es kommt die Wende,
Aus deiner Lebensfreude gewinne die Freiheit,
Freude in dieser Welt zu verbreiten.
Deine Freude kann das Leiden dieser Welt überwinden helfen.
Du musst es nicht allein schaffen,
Von dir hängt nicht alles ab,
aber wenn du dich freust,
wird dein Lachen andere anstecken.
Freude verändert das Gesicht dieser Erde.

Die die kaufen, sollen sein, als behielten sie es nicht.
Du darfst kaufen,
aber lass dich nicht von den Konsumgütern beherrschen,
nutze sie für die Welt,
gestalte mit ihnen die Welt für dich und für andere
als einen Vorgeschmack auf die Welt, die kommt,
denn die alte Welt vergeht,
aber die Hoffnung bleibt.

Und die und die diese Welt gebrauchen, sollen sein als brauchten sie sie nicht.
Du darfst die Welt nutzen,
Gottes alte Weisung gilt auch heute,
aber bedenke dein Handeln,
dein Gestalten der Welt ist nicht das letzte Handeln,

da kommt noch etwas.
Du darfst die Welt gebrauchen,
aber bewahre sie für die, die da kommen,
bewahre sie und sei achtsam mit ihren Ressourcen,
damit das Leben nicht vergehe.
Denn Leben ist Gottes Wille.

Die Zeit ist zusammengedrängt. Die Welt ist noch nicht vergangen. Da liegt er nun vor uns, dieser kleine Text aus dem 1. Korintherbrief seiner Vitrine. Geschützt und verwahrt. Irgendwie beides: eine Museumsstück und ein Geheimnis und doch auch aktuell brisant und inspirierend. Eine Ermutigung zur Freiheit von der Verabsolutierung unseres Lebens. Da kommt noch was! Gott hat sein gütiges, liebendes letztes Wort noch nicht gesprochen. Amen.

Jakob, der träumende, trifft Magnus, den Hedgefondmanager[28]

Haben Sie heute Nacht geträumt? Träume sind die Hüter des Schlafes. Manchmal sind sie spannend, manchmal überhaupt nicht zu verstehen. Träume sind meist rätselhaft. Wohl deshalb haben sie auch einen zweifelhaften Ruf: „Sei nicht so verträumt!“ - „Du träumst!“ - „Das hast du doch nur geträumt!“ Träume sind der Widerspruch und das Korrektiv zur Wirklichkeit. Eine Provokation des Status Quo. Eine nächtliche Werbepause vom alltäglichen Pflichtprogramm. Der Traum ist so etwas wie das seelische Abführmittel gegen die mentale Verstopfung.[29]

Um einen Träumenden geht es also, um Jakob, den Betrüger, den Verlassenen, den Flüchtigen. Dieser Jakob ist voller Unruhe. Er ist ein Mensch, der nicht hinnehmen will, was ihm zugeteilt ist. Jakob will mehr und er will letztlich alles: Er will vor allem den Segen.

Doch für den Segen des Erstgeborenen zahlt Jakob einen hohen Preis. Nachdem er seinen Bruder Esau betrogen hat, ist er auf der Flucht. Er hat den Segen, aber er hat keine Heimat. Er hat, was er wollte, aber er hat keine Ruhe. Er ist unterwegs auf der Flucht durch die Wüste. Kein Ort des Lebens! Jakob ist allein, einsam und verlassen. Wie kommt er da nur heraus? Wie findet er wieder zu sich selbst? Wie kann er Heimat finden, wo er doch durch seinen Segensbetrug alles zerstört hat?

---

[28] [28] Predigt zu Gen 28,10-19 in der Friedenskirche Heidelberg-Handschuhsheim am 14. So. n. Trinitatis am 1.9.2013.

[29] Die vier vorstehenden Definitionen entstammen Stephan Grünewald, Die erschöpfte Gesellschaft, campus 2012.

Da bricht die Nacht herein. In der Wüste seines Lebens ohne Herberge und ohne Ruheort, findet Jakob einen Stein und wählt ihn als Kopfkissen für den Nachtschlaf. Er legt sich schlafen. Schlafen gegen die Unruhe. Geht das?

Magnus ist auch unterwegs wie Jakob. Gut, Magnus ist kein Betrüger, nein er ist Hedgefondmanager. Er hat schon viel erreicht – beruflich und privat. Er könnte sich zurücklehnen, aber oben bleiben ist bekanntlich schwieriger als nach oben kommen. Magnus muss bewahren, bewältigen, aushalten und das Leben managen. Gar nicht so einfach. Magnus muss hellwach sein für die neuesten Kurse, muss immer auf der Hut sein, blitzschnell entscheiden. Eine Nacht könnte alles ruinieren. Magnus ist auf der Flucht vor der Pause und dem Bankrott.

Es gibt viele Wanderer wie Jakob und Magnus: Menschen auf der Flucht. Menschen auf der Wanderung. Menschen fliehen vor den Lebensumständen. Menschen fliehen vor ihrer Begrenztheit. Menschen fliehen, weil sie verfolgt werden: Physisch, weil sie die falsche Religion oder Hautfarbe haben, psychisch, weil sie sich im ewigen Casting um die besten Bilanzen und Zustimmungswerte wie in einem Hamsterrad bewegen. Menschen fliehen, weil sie Angst haben. Menschen fliehen, weil sie ihre eigenen Schwächen nicht zeigen dürfen und für sich auch nicht zulassen können. Menschen fliehen, weil sie sich den Umständen des Alltags nicht gewachsen fühlen. Es sind so viele Menschen auf der Flucht, dass wir eine rastlose Gesellschaft zu werden drohen. Wir fliehen selbst nachts zum Einkaufen. Wir arbeiten sieben Tage die Woche. Wir spekulieren wie Magnus rund um die Uhr an den Börsen und sind stets erreichbar.

Die rastlosen Jakobs heute leben flüchtig; nehmen nur sich selbst wahr; Ich bezogen um sich selbst kreisend, allein auf sich vertrauend. Schlafen? Träumen? Bloß nicht träumen! Das Leben ist kein Traum! Das Leben ist Normalität! Weiter geht's!

Ende 2011 stellte der Spiegel fest: *„Die Deutschen sind ruhelos. Die Zahl der Gestressten; Getriebenen und Überreizten, die zunächst schlaflos werden, dann verzweifelt und schließlich krank nimmt stetig zu."*[30] Ohne Schlaf – kein Traum. Ohne Traum keine Verdauung der Unruhe und kein Ende der mentalen Verstopfung. Jakob legt sich schlafen. Und er schläft ein. In der Unwirklichkeit der Wüste, in der Verlassenheit und der Einsamkeit in seiner ganzen Ich-Bezogenheit fängt er an zu träumen.

Träume verändern die Wirklichkeit. Träume sind eine Provokation des Status Quo. Träume orientieren das Leben. Im Traum können wir die Sackgassen unseres Lebens erkennen. Der Traum scheucht uns aus den bleiernen Routinen auf und mahnt zur Umkehr. Träume erzählen uns von einer anderen Wirklichkeit als der wüsten Lebenswirklichkeit, in ihnen begegnen wir dem Anderen und uns selbst. Jakob also träumt - eine neue Wirklichkeit. Sonderbar! Eben kein Schwur auf die Normalität:

„Und ihm träumte, und siehe, eine Leiter stand auf Erden, die rührte mit der Spitze an den Himmel, und siehe, die Engel Gottes stiegen daran auf und nieder." (Gen 28,12)

Der Himmel tut sich Jakob auf – mitten in der Wüste, mitten in der Einsamkeit – mitten im Leben! Ein reger Austausch findet statt zwischen dem Himmel und der Erde. Engel steigen hinauf und hernieder und dann das: Gott steht an der Spitze des Himmels. Gott spricht zu Jakob: *„Ich bin der HERR, der Gott deines Vaters Abraham, und Isaaks Gott; das Land, darauf du liegst, will ich dir und deinen Nachkommen geben." (Gen 28, 13)*

Gott stellt sich Jakob, dem Familienflüchtigen, dem verlassenden und dem verlassenen vor als der Gott der Väter: Ich bin der Gott Abrahams und Isaaks. Gott hat eine Geschichte, er kommt nicht aus dem nichts. Es gab Gott in Beziehung zu Menschen vor Jakob und es wird ihn nach Jakob geben.

[30] Der Spiegel Nr. 44 (2011), 131f.

Gottesbeziehung ist eine geschichtliche Beziehung der konkreten Erinnerungen, denn Gott verbindet die Generationen: den Sohn mit dem Vater, den Vater mit dem Großvater, den Großvater mit dem Enkel. Der fliehende Jakob kann vor der Geschichte Gottes nicht fliehen. Gott ist da und Gott ist mit Jakob geschichtlich genetisch verbunden.

Doch mit der Selbstvorstellung nicht genug. Alles könnte jetzt kommen – hier in der Wüste. Die große Abrechnung der bösen Taten. Der Spott und Hohn über die selbstverschuldete Einsamkeit. Der Betrüger könnte sich ertappt fühlen. Verdammnis droht, mahnende Worte, wenigsten ein Gerichtswort. Vielleicht irgendeine Mahnung für den Unruhigen.

Nichts desgleichen ist Gottes Sinn. Stattdessen eine Verheißung an diesem Ort: *„das Land, darauf du liegst, will ich dir und deinen Nachkommen geben. Und dein Geschlecht soll werden wie der Staub auf Erden, und du sollst ausgebreitet werden gegen Westen und Osten, Norden und Süden, und durch dich und deine Nachkommen sollen alle Geschlechter auf Erden gesegnet werden. Und siehe, ich bin mit dir und will dich behüten, wo du hinziehst, und will dich wieder herbringen in dies Land. Denn ich will dich nicht verlassen, bis ich alles tue, was ich dir zugesagt habe." (Gen 28,13b-15)*

Der Traum verändert. Der Traum bewegt Jakob. Er reißt ihn heraus aus dem Kreisen um sich selbst. Vor allem aber: Da sympathisiert einer mit einem, dem das Wasser bis zum Hals steht. Gewiss nicht ohne Erinnerung, wie es dazu kam, wohl aber mit der Perspektive der Hoffnung und der Entlastung: Du wirst Segen sein, und du wirst dich nicht selbst aus der Schlinge ziehen müssen: *„Gott spricht: Ich werde dich nicht verlassen, bis ich alles tue, was ich dir zugesagt habe!" (Gen 28,15)*

Der Traum befreit, weil Gott frei ist. Viel ist in der Theologie und in der Kirche, darüber geschrieben und gepredigt worden, was Gott wohl in den Sinn kommt, ausgerechnet dem Betrüger Jakob zum Erzvater zu machen. Ausgerechnet er empfängt nicht nur den erschlichenen Segen des Vaters, sondern auch noch den Segen Gottes.

Träume sind rätselhaft und geheimnisvoll und Gott ist in seiner Freiheit ebenso unerklärbar. Ja, Gott ist so frei, seine Geschichte jenseits unseres sittlichen Kalküls der Normalität mit den unmöglichen Menschen zu schreiben und zu betreiben. Gott ist frei sich jenseits der bürgerlichen-anständigen und moralisch-stubenreinen Subjekte zu bedienen. Gott durchbricht die Normalität.

Die Schlaflosen und die Traumlosen heute, kennen diese Freiheit nicht. Magnus, der Hedgefondmanager hört zwar ständig von der Freiheit: von Bürgerrechten, von wirtschaftlicher Freiheit, Liberalisierung der Märkte, Liberalisierung der gesellschaftlichen Normen, Liberalisierung der Familienbilder, Freiheit quasi als Lebenselexier. Aber Magnus, der Rastlose und der Ruhelose, ist nah dran am Burn Out. Ewig jagt er den Bilanzen nach. Manchmal möchte Magnus ausbrechen, frei sein, aber er schafft es nicht. Er kommt nicht mehr zur Ruhe. Ohne Sabbat – ohne Ruhepause – ohne Schlaf und ohne Träume: Keine Freiheit.

Jakob dagegen erfährt im Traum eine ganz neue Wirklichkeit. Und mehr noch: er wird frei seinen Weg, seine Flucht, seine Wanderung zu unterbrechen. Am Morgen nimmt er den Stein und markiert den Ort als seinen Ort der Gottesbeziehung. *„Wie heilig ist diese Stätte! Hier ist nichts anderes als Gottes Haus und hier ist die Pforte des Himmels." (Gen 28,17)*

Jakob baut einen Gedächtnisort. Gedächtnis und Traum gehören zusammen. Die Menschen sollen sich an diesen Ort erinnern, an dem der Himmel aufriss und aus dem Tunnel des Lebens befreite. Die Menschen sollen sich an diesen Ort erinnern, an dem mitten in der Wüste Gott ins Leben trat. Der Heilige Ort wird zu einem Ort der Einkehr und der Erinnerung. Ein Erinnerungsort, an dem sich Himmel und Erde berührten mitten im Leben. Da findet Jakob eine neue Perspektive, neues Leben mitten in der Wüste, mitten in der Einsamkeit. Es ist wie im Traum. Die Erinnerung aber lässt den Traum Wirklichkeit werden.

Gott geht mit Jakob durch sein Leben. Er hat sich dem Menschen gezeigt, und er wird sich wieder zeigen. Wir suchen den Himmel oft fern von uns als einen Ort, an dem alles gut ist, die Sorgen verblassen, das Leben vorüber ist. Der Himmel aber ist gegenüber. Jakob erfährt es in jener Nacht. Der Himmel ist nicht etwas jenseits. der Himmel bricht mitten ins Leben ein in der Wüste. Und wo der Himmel, wo Gott ins Herz einkehrt, da sagt er dir: *Und siehe, ich bin mit dir und will dich behüten, wo du hinziehst, und will dich wieder herbringen in dies Land. Denn ich will dich nicht verlassen, bis ich alles tue, was ich dir zugesagt habe. (Gen 28,15)*

Deine Durststrecke ist nur ein Teil deines Weges. Ich bringe dich zurück in dein Land, in die Bergung deiner Heimat, so wie ich es mit deinen Vätern gemacht habe. Ich bin bei dir auch an den Orten, wo du nicht mit mir rechnest.

Und für die Ruhelosen und Rastlosen unter uns und um uns? Und für Magnus? Gibt es da noch Hoffnung auf einen Schlaf und Träume? Eines Morgens – als er beim Frühstück den Börsenticker auf seinem I-Phone studiert, erzählen sie im Radio die alte Legende zwei rastloser Mönche, für einen kurzen Moment hört Magnus eher beiläufig zu:

Zwei Mönche lasen miteinander in einem alten Buch, am Ende der Welt gebe es einen Ort, an dem der Himmel und die Erde sich berühren. Sie beschlossen, ihn zu suchen und nicht umzukehren, ehe sie ihn gefunden hätten. Sie durchwanderten die Welt, bestanden unzählige Gefahren, erlitten alle Entbehrungen, die eine Wanderung durch die ganze Welt fordert, und alle Versuchungen, die einen Menschen von seinem Ziel abbringen können. Eine Tür sei dort, so hatten sie gelesen, man brauche nur anzuklopfen und befinde sich bei Gott. Schließlich fanden sie, was sie suchten, sie klopften an die Tür, bebenden Herzens sahen sie, wie sie sich öffnete, und als sie eintraten, standen sie zu Hause in ihrer Klosterzelle. Da begriffen sie: Der Ort, an dem Himmel und Erde sich berühren, befindet sich auf dieser Erde, an der Stelle, die uns Gott zugewiesen hat.

Amen.

Anfänger sein[31]

Jeder Anfang ist verheißungsvoll und spannend. Das gilt, wenn wir umziehen. Das gilt, wenn wir uns beruflich verändern. Das gilt insbesondere, wenn Menschen geboren werden oder Menschen sterben. Jeder Anfang ist verheißungsvoll und spannend.

Aber jeder Anfang ist auch mit Ungewissheiten verbunden. Wie wird es sein? Wie wird es werden? Wem werde ich begegnen? Wie begegnet man mir? Was werde ich sagen? Was werden sie hören? Was kann ich bewahren? Was kann ich verändern?

Für den christlichen Glauben gilt: Anfang gut – alles gut! Darum erinnern wir uns gerne an die Schöpfung. Am Anfang war die Schöpfung sehr gut. Der Anfang war gut. Darum feiern jeden Sonntag einen Gottesdienst als kleines Fest des Neuanfangs. Darum ist unser ganzes Leben Buße – wie Martin Luther es einst formulierte –, weil wir im Leben immer wieder Anfänger sind.

Anfänger sein, ist etwas Schönes. Anfänger dürfen mal danebenliegen. Anfänger dürfen sich Zeit lassen und genau überlegen. Anfänger sind nicht routiniert. Anfänger suchen und denken gründlich über Lösungen und Situationen nach. Anfänger sagen nicht von vornherein: „Das war schon immer so." Mit Anfängern muss man geduldig sein. Unser Anfänger sein hört nie auf!

Und wenn wir jetzt gleich unseren neu gewählten Ältestenkreis einführen, dann wird dieser Kreis anfangen mit seiner Arbeit. Er wird schauen: „Wer hat welche Gaben, wer hat welche Interessen? Er wird vielleicht auch fragen, wer hat welche Erfahrungen auf diesem oder jenem Gebiet? Er wird sich kennen-

[31] Ansprache zur Einführung des Ältestenkreises der Friedensgemeinde am 4. Advent (22.12.2013) in der Friedenskirche Handschuhsheim. Vor der Ansprache wurde Röm 12,4-8 gelesen.

lernen: Wer sitzt da beieinander und was verbindet uns miteinander? Vielleicht ist es die Liebe zur Kirche, die Lust am Gestalten der Friedensgemeinde, das Interesse am Glauben, die Freude am Debattieren und die Zeit, dies in der Freizeit am Abend zu tun.

Die Zeichen also stehen auf Anfang. Gewiss gibt es da auch Ungewissheiten. Alle bringen ihre Geschichten mit, miteinander teilen manche schöne Erinnerungen, aber vielleicht auch kritische Konfliktsituationen. Der Beginn der Ältestenkreiszeit ist auch die Einladung und die Hoffnung: Wir können gemeinsam neu anfangen! Nicht das, was war, wird zählen, die Vergangenheit können wir nicht mehr gestalten, wohl aber das, was ist und was sein wird. Das haben wir in der Hand, das gilt es zu betrachten und zu gestalten.

Und die Aufgaben werden vielfältig sein: Welche Gottesdienste wollen wir feiern? Wie binden wir die vielen Talente und Gaben in unserer Friedensgemeinde ein: die Kindergärten, die Arbeit im Kindergottesdienst, die Kirchenmusik, die Seniorenarbeit? Wo können wir Verknüpfungen herstellen? Wo wollen wir neue Akzente setzen und neu einladen? Was stellen wir zurück?

Sie, die Ältesten werden darüber nachdenken müssen. Als Gemeindeleitung werden sie das große Ganze mit uns Pfarrern im Blick haben müssen. Nicht jede Entscheidung kann da immer alle zufriedenstellen. Nicht alles wird sofort getan werden können.

Vor allem aber: Gemeindeleitung und Älteste sein, heißt nicht „Mädchen für alles“ sein, denn wenn wir die Worte aus dem Römerbrief ernst nehmen, dann heißt es dort: Jeder ist Gemeindeleitung. Dass unsere Gemeinde lebendig und vielfältig bleibt, musikalisch in so bunten Stimmen singt, sich Woche für Woche Menschen ganz unterschiedlichen Alters, Herkunft und Charakters hier treffen, dass liegt nicht allein an den Ältesten. Jeder und jede wird gefordert sein. Jeder kann sich einbringen. Die Tore stehen offen. Allerdings: Nicht jedem ist ein Amt geben.

Das Amt in der Kirche ist allerdings kein Herrschaftsamt. Mit dem Amt sind keine höheren Weihen verbunden, weder mit dem Predigtamt, noch mit dem Pfarramt, noch mit dem Ältestenamt. Amtsträger sind keine besseren Christen, auch wenn sie gerne Vorbild seien sollen. Amtsträger müssen auch nicht immer und überall zur Stelle sein, auch wenn sie gerne engagiert bei jeder Sache sein sollen. Amtsträger dienen der Gemeinde durch Ordnung, durch „Aufräumen", durch Struktur geben, durch demokratisches, repräsentatives Entscheiden. Sie dienen mit dem Wort und mit der Tat, vor allem aber – so wünsche ich es uns als Gemeinde – durch das Wirken des Heiligen Geistes.

Wenn im Römerbrief von den verschiedene Gaben und Aufgaben in der Gemeinde gesprochen wird, dann sind damit Geistgaben verbunden. Geistgaben aber sind selten nüchtern und zurückhaltend: Prophetie, Lehre und Ermahnung wollen meist nicht gehört wird. Und so ist es in jeder Gemeinde wie in der Familie: Man hat es gerne harmonisch, aber muss es aushalten können, dass miteinander gerungen wird, dass man um die Sache auch debattieren und streiten darf, vielleicht sogar auch muss. Um mit einem alte Liedtitel zu sagen: „Die Sache Jesu braucht begeisterte", ja auch leidenschaftliche.

Ich wünsche euch als Gemeinde, ihnen als Älteste und uns als Pfarrer eine neue Diskussionskultur in dieser Friedenskirche. Diskussionen müssen sein, sie sind nicht gleich das Ende des Friedens. Daher gehen wir mit der nötigen Gelassenheit heran, diskutieren wir in der Gegenwart und nicht mit unserer Erinnerung, bleiben wir bei der Sache Jesu und denken wir immer auch an das Verbindende! Prophet, Lehrende, Ermahnende: es geht um die Sache Jesu für die Welt, für unsere Zeit. Es geht um die Liebe Gottes, und wie sie durch den Leib Christi für alle Menschen spürbar und erfahrbar wird.

Und habt Mut, liebet Älteste, den Mut des Anfängers, Entscheidungen können auch mal unangenehm sein, und sie werden nie alle überzeugen, aber alle sind Anfänger und werden lernen mit allen Entscheidungen etwas anzufangen.

Und schließlich ein Letztes: Was euch gegeben ist als Glieder des Leibes Christi, ob nun im Ältestenamt oder als engagierte wie passive Gemeindeglieder, ist euch aus Gottes Gnade geben. Wir bleiben Gottes irdische Boten, Menschen, Christen, fähig zum Irrtum, ermutigt zur Umkehr, vor allem aber: Die Sache Jesu entscheidet sich nicht allein unseren zeitlichen Entscheidungen. Sie ist größer als wir! Sie ist geduldiger als wir! Sie ist großzügiger als wir! Sie ist barmherziger als wir! Darum lasst euch, liebe neu gewählten Ältesten, tragen vom Vertrauen Gottes in euch. Lasst euch tragen durch das Gebet der Gemeinde für euch. Lasst euch tragen von der Botschaft des Evangeliums.

Darum, liebe Friedensgemeinde, lasst uns anfangen! Eine neue Zeit beginnt, mit neuen Ältesten, mit neuen Fragen, mit neuen Herausforderungen. Wir sind Anfänger – verheißungsvoll und spannend.

Amen.

Auf der Spur der Zeit

Von der Kostbarkeit des Vergänglichen[32]

11,6 Am Morgen säe deinen Samen, und lass deine Hand bis zum Abend nicht ruhen; denn du weißt nicht, was geraten wird, ob dies oder das oder ob beides miteinander gut gerät. 7 Es ist das Licht süß, und den Augen lieblich, die Sonne zu sehen.

8 Denn wenn ein Mensch viele Jahre lebt, so sei er fröhlich in ihnen allen und denke an die finstern Tage, dass es viele sein werden; denn alles, was kommt, ist eitel. Freue dich deiner Jugend, ehe Alter und Tod kommen!

9 So freue dich, Jüngling, in deiner Jugend und lass dein Herz guter Dinge sein in deinen jungen Tagen. Tu, was dein Herz gelüstet und deinen Augen gefällt; aber wisse, dass dich Gott um das alles vor Gericht ziehen wird. 10 Lass den Unmut fern sein von deinem Herzen und halte fern das Übel von deinem Leibe; denn Kindheit und Jugend sind eitel.

12,1 Denk an deinen Schöpfer in deiner Jugend, ehe die bösen Tage kommen und die Jahre sich nahen, da du wirst sagen: »Sie gefallen mir nicht«; 2 ehe die Sonne und das Licht, Mond und Sterne finster werden und Wolken wiederkommen nach dem Regen, - 3 zur Zeit, wenn die Hüter des Hauses zittern und die Starken sich krümmen und müßig stehen die Müllerinnen, weil es so wenige geworden sind, und wenn finster werden, die durch die Fenster sehen, 4 und wenn die Türen an der Gasse sich schließen, dass die Stimme der Mühle leiser wird, und wenn sie sich hebt, wie wenn ein Vogel singt, und alle Töchter des Gesanges sich neigen;5 wenn man vor Höhen sich fürchtet und sich ängstigt auf dem Wege, wenn der Mandelbaum blüht und die Heuschrecke sich belädt und die Kaper aufbricht; denn der Mensch fährt dahin, wo er ewig bleibt, und die Klageleute gehen umher auf der Gasse; - 6 ehe der

[32] Predigt zum Abschluss der Ökumenischen Bibelwoche 2006 über Koh 11,6-12,7.

silberne Strick zerreißt und die goldene Schale zerbricht und der Eimer zerschellt an der Quelle und das Rad zerbrochen in den Brunnen fällt.

7 Denn der Staub muss wieder zur Erde kommen, wie er gewesen ist, und der Geist wieder zu Gott, der ihn gegeben hat. 8 Es ist alles ganz eitel, spricht der Prediger, ganz eitel.

Koh 11,6-12,8

Ein widersprüchlicher Text zum Abschluss unserer Ökumenischen Bibelwoche und am Ende des Buches Prediger. Da wird das Alter in ernüchternden Bildern ausgemalt. Das Alter als „die bösen Tagen" als die Tage, die nicht gefallen. Das Alter, „wenn die Hüter des Hauses zittern". Leben im Angesicht des Todes: „Wenn die Türen der Gasse sich schließen". Die Zeit, wenn die Stimme der Mühle leiser wird und man sich auf dem Weg ängstigt.

Das Alter, liebe Konfirmanden, als eine Zeit, in der die Vergänglichkeit des Lebens ins Bewusstsein tritt. Und gleichzeitig schildert der Prediger Kohelet das Jugendalter als eine Zeit der Stärke und der Kraft. Und wie seid ihr doch stark und lebenslustig und lebensfroh. Wer jung ist, hat das Leben noch vor sich. In der Jugend ist man unsterblich – unsterblich verliebt, unsterblich idealistisch. Mit 17 hat man noch Träume. Und die will man umsetzen.

Doch man wird älter und spätestens im Berufsleben lernt man: Träume und Ideale sind schön, doch die Realitäten und Umstände der Zeit, regieren das Leben. Die Verwirklichung der Träume, das Tun dessen, was einem Freude macht, wird auf das Morgen verschoben. Ab zwanzig herrscht die Divise: Morgen, Morgen, nur nicht heute kannst du leben und deine Träume verwirklichen. Du brauchst erst einen sicheren Job, erst eine Menge Erfahrung und Sicherheit, ehe du deine Träume lebst.

Die Folge dieser vernünftigen und erfahrungsbelasteten Lebensweisheit ist Frust und Angst. Es ist die Angst vor Versäumnissen und die Angst um die eigene Zukunft. Es ist der Frust der Vertröstung. Wie oft werden wir vertröstet: „Wenn du groß bist!" „Wenn du mit dem Studium fertig bist!" „Wenn ich erst Rentner bin!" Vertröstungen über Vertröstungen regieren unser Leben. Wir leben geradezu in einem Kreislauf der Vertröstungen. Auch Kohelet ist so ein Vertrösteter.

In seiner Jugend hatte er große Träume. Er strebte nach Besitz und Macht, er wollte Einfluss. Er dachte, wenn ich mich nur anstrenge, dann werde ich in der Zukunft belohnt mit Glück. Kohelet war einer wie ihr, liebe Konfirmanden. Immer wieder wurde ihm gesagt: „Wenn du nicht genug lernst, wirst du später kein Lebensglück finden." „Lebe nicht in einer Spaßgesellschaft, sondern sieh auf den Ernst des Lebens." „Sei tüchtig!" „Mühe dich ab!" „Leben kannst du in der Zukunft." Ob sein Vater ihm auch sagte: „Solange du die Füße unter meinem Tisch hast ...!?

Und so vergingen die Jugendjahre Kohelets. Als er erwachsen wurde, dachte er: „Jetzt ist die Zukunft." Er mühte sich und arbeitete mehr als das erforderte Maß, um Glück und Zufriedenheit zu finden. Immer wieder wurde ihm gesagt: „Bevor du deine Vorstellungen verwirklichen kannst, deine Träume leben kannst, musst du Erfahrungen sammeln im Beruf. Das Leben ist keine Theorie. Das Leben ist Arbeit und Unterordnung." So wuchs seine Erfahrung und auch sein Besitz. Er wurde reich und auch etwas mächtig. Ein kleiner König in seinem Reich. Er hatte alles, was er wollte, aber auch eine Menge Verantwortung. Und diese Verantwortung vertröstete ihn aufs neue. Seine Verantwortung für die Menschen unter ihm, hinderte ihn daran, die Früchte seines Reichtums zu genießen. Und so hoffte er auf das Alter.

Mit 70 ging er in Rente. Sein Körper war gezeichnet von der harten Arbeit unter der Sonne. Es zwickte überall im Körper. Die Bandscheiben waren aufgebraucht. Und auch die Knie machten nicht mehr mit. Das Gehör war taub vom Stress des Lebens. Lange Reisen konnte er nicht mehr unternehmen. Wie sehnte er sich doch nach der Musik, doch er hörte sie kaum noch. Eine Sprache wollte er lernen, doch auch dies war eine Qual. Ein resignierter Mann im Lehnstuhl des Alters könnte man denken.

Kohelet aber sieht seine Söhne mit seinen Enkeln, und sieht den erhobenen Zeigefinger der Väter und ahnt, dass der Kreislauf der Vertröstungen weitergeht. Da erkennt Kohelet: „Ich muss meine Erfahrungen aufschreiben. Ich will meine Lebensweisheit mit der Jugend teilen." Und seine Lebensweisheit ist keine Weisheit der guten Ratschläge und der Imperative. Seine Lebensweisheit ergründet das Leben mit seinen Regeln. Und es hat den Anschein, als schriebe ein resignierter alter Mensch ohne Hoffnung. Ein Mensch, der der Vergänglichkeit ins Gesicht blickt und erkennt: das ganze Leben mit all seinem Tun und Streben, mit all den Erwartungen und Vertröstungen, das Leben mit dem Streben nach Wirkung ist nichts als Eitelkeit und Windhauch. Mancher übersetzt es auch mit Sinnlosigkeit.

Kohelet ein Pessimist – so war der zeitweise der Eindruck in der Bibelwochengruppe – und zu gerne wollten wir unsere christliche Hoffnung doch mit ihm teilen. Oder ist das Leben sinnlos, nur Windhauch? Ist Vergänglichkeit gleich Vergeblichkeit?

Kohelet setzt sich mit den Traditionen seiner Väter auseinander. Er gedenkt der Schöpfungsgeschichte. Er setzt sich mit der Weisheit seiner Väter auseinander und ihren Lebensregeln. Und er erkennt: die Wege des Herrn, die Wege Gottes sind nicht zu ergründen und zu erforschen. Es gibt im Leben viele schlechte Zeiten. Es gibt Tod und Trauer, Verluste und Niederlagen, Traurigkeit und Weinen. Ebenso wie es viele guten Zeiten gibt: Lachen und Tanzen, Geburten, neues Leben. Im Rückblick auf sein Leben gedenkt Kohelet seines Schöpfers und er hat die Einsicht, dass Gott alles vollkommen gemacht hat zu seiner Zeit. Auch wenn der Mensch es nicht versteht. Es geht nicht darum, dass der Mensch sich das Glück macht, aber es geht im Leben darum, dass man das Glück erkennt. Alles ist Windhauch, schreibt Kohelet an seine Enkel! Alles ist Windhauch! Die Zeit vergeht wie im Fluge, doch zu jeder Lebenszeit gibt es Gutes. Es ist manchmal nur schwer zu erkennen, manchmal auch gar nicht!

Im Alter erkennt Kohelet, dass sein Leben von Gott gegeben ist. Gott hat alles zu seiner Zeit vollkommen gemacht. Und er, Kohelet, der alte Mann, weiß, da, wo er das Gute nicht erkannt hat, hat Gott Gutes gegeben. Dass das Leben von Gott gegeben ist, führt Kohelet in die Resignation und in den Trost zugleich. Denn nun erkennt er, dass die Vertröstungen seines Lebens ihn daran gehindert haben, das Leben in jedem Moment zu genießen. Jetzt blickt er auf die versäumten Chancen des Glücksgefühls und der Freude zurück. Es ist aber auch sein Trost, denn er erkennt im Moment seines Alters, dass auch diese Zeit der Qualen und des Leids, die Zeit, wenn die Türen an der Gasse sich schließen und die Stimme der Mühle leiser wird, dass auch diese Zeit vollkommen bei seinem Schöpfer ist. Und so hält er Ausschau nach dem Guten, nach dem Glück im Jetzt.

Kohelet verschließt die Augen vor dem Dunkel nicht, er blickt der Vergänglichkeit ins Gesicht, doch er schaut dabei zugleich aus dem Fenster. Er sieht den Kindergarten und das Leben neben seinem Altenheim. Da spielen seine Enkel. Sie lachen, sie tanzen, sie rufen und schreien. Sie erleben die Ewigkeit und leben den Augenblick. Er sieht aus dem Fenster hinaus ins Licht. Da blüht der Mandelbaum, da singt der Vogel sein Frühlingslied. Und er schreibt: *„Es ist das Licht süß und den Augen lieblich zu sehen. Es ist von Gott gegeben, darin liegt meine Freude. Ich verstehe das ganze Leben mit seinen Widersprüchen nicht, doch bei Gott hat jede Zeit sein Gutes."*

Oft wird Kohelet als ein Pessimist beschrieben. Doch spätestens am Ende seines Lebens (Buches) ist er ein grenzenloser Optimist. Einer, der die Jugend motiviert. Es ist fasst so als schriebe er ein Brief an euch Konfirmanden:

„So freue dich, lieber Konfirmand, freue dich in deiner Jugend und lass dein Herz guter Dinge sein in deinen jungen Tagen. Tu, was dir dein Herz sagt, genieße deine Tage und lass deine Träume lebendig werden."

Lebt! Lebt, liebe Alten und liebe Jungen. Lebt eure Träume, vertröstet euch nicht über die Zeit. Denkt an euren Schöpfer, er hat euch kostbares Leben geschenkt. Baut Gott in euren Lebensentwurf ein, denn er hat euch kostbare Freiheit geschenkt. Sorgt euch nicht, alle Sorgen werft auf ihn. Was nützt es, wenn ihr eure Ernte sammelt und den Augenblick vergesst? Kümmert euch um euer Leben – jetzt! Lebt jetzt in der Gegenwart, nicht erst in der Zukunft. Lebt heute, ehe die bösen Tage kommen und die Jahre sich nahen, wenn ihr sagen werdet: „Sie gefallen mir nicht!"

Diese Aussagen Kohelets passen sogar nicht zu unserer Vernunft und erfahrungsbetonten Einstellung des Lebens, in der die Jungen sich doch den Alten unterzuordnen haben. Müssen wir nicht alle vor unserem Richter offenbar werden? Können wir da leben, wie es uns gefällt? Können wir im Angesicht des Gerichtes Gottes ewig Kind bleiben, gesteuert von Träumen und manchmal total unvernünftig, dafür aber mit der kostbaren Freude für den Augenblick?

Es drängt sich dem Christen und Ethiker sogleich auf: Kohelet führt in die Anarchie, ins Chaos. Was ist mit den zehn Geboten, mit der Liebe und der Nächstenliebe? – Eine Kritik, die schon die Väter Israels hatten und sie wollten es nicht gelten lassen, was Kohelet da so ganz ohne ethische Mahnung schrieb. Und ergänzten sie die Ermutigung an die Jugend durch den Satz: *„Gedenke, dass dich Gott für all dein Tun vor Gericht ziehen wird, fürchte Gott und halte seine Gebote."*

Da ist er wieder, der mahnende Zeigefinger der Moralisten und Rationalisten. Kohelet hätte ihnen wohl mit der Weisheit des Alters geantwortet:

„Das Gebot Gottes ist die Liebe, die Liebe der Lebensgrund und des Schöpfers Weisheit, in ihr bleibst du ewig Kind, ewig Anfänger, kümmere dich um dein Leben, deine Überlebenszeit ist jetzt: wer nicht lebt und liebt, wer sich nicht freut an dem Glück des Augenblicks, wer nicht nüchtern und wachsam bleibt für das Gute in jeder Zeit, der kann im Gericht nicht bestehen, denn er hat sich dem Geschenk Gottes verweigert, dem eigenen Leben, das kostbarste deines Besitzes!"

Das Leben zu leben mit Freude, das ist ein Geschenk Gottes. Und wenn du das, tust, lieber Konfirmand, lieber alter Mensch, lieber Christ, dann hast du einen Schatz der Erfahrung und der Erinnerung in den schweren und finsteren Stunden deines Lebens. Dein Schöpfer hat dir ewige Liebe und ewiges Leben geschenkt – diese Kostbarkeit des Vergänglichen ergreife. Carpe diem – Nütze den Tag! Amen.

Zeit zu Leben[33]

Was ist Zeit?

Zeit ist Geld!

Zeit ist Glück!

Zeit ist Mangelware!

Zeit ist knapp!

Zeit ist Fülle!

Zeit ist endlich!

Zeit ist irdisch!

Zeit ist menschlich!

Zeit ist Tick Tack!

Zeit ist kostbar!

Zeit ist Geschenk!

Zeit ist schnell!

Zeit ist kurz!

Zeit ist lang!

Zeit ist begrenzt!

Zeit ist schwer!

Zeit ist anders!

Zeit ist kreisförmig!

Zeit ist zyklisch!

Zeit ist linear!

Zeit ist nicht ewig!

Zeit ist besonders!

Zeit ist keine Schnellstraße zwischen Wiege und Grab, sondern ein Platz zum Parken in der Sonne.

---

[33] Predigt zu Koh 3,1-15 am 24. Sonntag nach Trinitatis (2.11.2008) in Bornhöved.

Zeit ist Leben!

Zeit steht in Gottes Händen!

Zeit ist erfüllt!

Zeit ist hier!

Zeit ist jetzt!

Zeit?

Zeit vergeht und Zeit kommt!

Zeil heilt!

Zeit erinnert!

Zeit ist Vergangenheit – Gegenwart – Zukunft!

Du bist in der Zeit!

Du bist Zeit!

Wo aber bleibt die Zeit? – Viele Menschen fragen sich das. Es ist wie ein Stoßseufzer, der an vielen Orten zu hören ist. Die einen suchen sie, weil sie chronisch unter Zeitmangel leiden und von einer Aktion der nächsten verfallen. Die anderen erleben die Monotonie des Dahinlebens ohne Höhepunkt. Einsam im alltäglichen Trott zwischen schlafen, essen, fernsehen, essen, schlafen.

Wo bleibt die Zeit? Unter diesem Titel wurde eine Studie in Auftrag geben. Etwa 12.000 Menschen führten zwei Jahre lang Tagebuch. Es ist keine Überraschung: Familie, Beruf, Hausarbeit bestimmen unseren täglichen Terminplan. Und wir haben eine halbe Stunde mehr Freizeit als vor zehn Jahren. Rund drei Stunden davon verbringen wir vor dem Fernseher oder dem Computer. Dennoch, diese Frage: Wo bleibt die Zeit? Konnten die Forscher bei ihrer Untersuchung nicht klären.[34]

---

[34] Wo bleibt die Zeit? Die Zeitverwendung der Bevölkerung in Deutschland 2001/2002, hrsg. Bundesministerium für Familie, Senioren, Frauen und Jugend/Statistisches Bundesamt, http://www.bmfsfj.de/RedaktionBMFSFJ/Abteilung2/Pdf-Anlagen/wo-bleibt-zeit, abgerufen am 15.9.2014.

Wo bleibt die Zeit? – Wenn ich es so überlege, dann ist das eigentlich eine irre Frage. Wo ist die Zeit? Gewiss viele Menschen leiden unter Zeitmangel. Andere Menschen versuchen in lauter Langeweile die Zeit totzuschlagen, oder zumindest über die Zeit zu kommen.

Eine irre Frage: Wo bleibt die Zeit? Man könnte ja schlicht antworten: sie wird wiederkommen, denn ein jegliches Vorhaben unter dem Himmel hat seine Stunde, hat seine Zeit. Und doch ich werde das Gefühl nicht los, dass die Frage „Wo bleibt die Zeit?" nur die Folge unseres kollektiven Zeitverlusts ist. Und für den gibt es drei Symptome, die wir in unserem Alltag immer wieder wahrnehmen können.

Da hängt zum Beispiel mitten im Juli in einer U-Bahn-Station ein Plakat mit einem Weihnachtsmann, der eine Schale frischer Erdbeeren in seinen Händen hält. Darüber der Slogan: „Alles *zu* seiner Zeit!"[35]

Das Bild löst Verwunderung aus und auf den zweiten Blick erkenne ich, dass es ein Plakat von „Brot für die Welt" ist, mit dem unter dem Stichwort „Mahlzeit" für saisonale Lebensmittel aus der Region geworben wird. Quasi eine Zeitkritik gegen den Wahn, dass alles und jedes permanent verfügbar sein muss. Aber dieses Plakat ist zugleich eine pfiffige Analyse unseres Zeitverlustes, denn es setzt drei unterschiedliche Zeitgeber in Szene, die gar nicht zusammenpassen. Da ist zunächst der winterliche Mantel, den Weihnachtsmänner nun einmal tragen – er passt nicht wirklich zum überhitzen U-Bahn-Schacht. Wir sind temperaturfühlig und spüren am eigenen Leib, ob wir in der dunklen oder in der hellen Zeit des Jahres leben. Da ist die Erdbeerschale: die Zeit für Erdbeeren ist im Juli längst vorbei. Wir unterscheiden unwillkürlich Zeiten im Jahreskreis: Wir haben eine Ahnung davon, dass es Zeiten gibt, in denen wir säen und Zeiten, in denen wir ernten. Und schließlich: Der Weihnachtsmann ist im Hochsommer fehl am Platz. Dieses Plakat im Juli spielt mit

[35] Den Hinweis auf das Plakat fand ich bei K. Fechtner, Im Rhythmus des Kirchenjahres. Vom Sinn der Feste und Zeiten, Gütesloh 2007, 11ff.

einem Symptom des Zeitverlustes: Es gibt unterschiedliche Zeiten in einem Jahr: Erdbeerzeit und die Weihnachtszeit, doch zunehmend verliert unsere kommerzialisierte Gesellschaft das Gefühl für die Zeiten. Alles gibt es immer!

Das Fatale dieses Symptoms: „Wenn alles immer schon da ist, gibt es nichts mehr zu erwarten, und es gibt nichts, was wieder verschwindet!“[36] – Wo bleibt die Zeit?

Das zweite Symptom unseres Zeitverlustes ist die dauernde und wiederkehrende Klage über den Zeitmangel:

„Wir bräuchten mehr Zeit“, sagen wir nach einem Wochenende.

„Wir bräuchten eigentlich noch mehr Zeit“, sagen wir nach dem Urlaub.

„Ich hätte einfach noch mehr Zeit gebraucht“, sagt die Schülerin nach der Arbeit.

„Ich bräuchte einfach mehr Zeit“, sagt der Bundestagsabgeordnete, angesprochen auf die wesentlichen Probleme für die Zukunft unseres Landes. Er wird mit der Fraktion stimmen.

„Dafür habe ich – leider – keine Zeit“, sagt der Wirtschaftsmanager, angesprochen auf Fragen der Zukunft, über jeden Fünfjahresplan hinaus. Er wird die Vorgaben des Vorstandes erfüllen.

Recht betrachtet, ist dieses Symptom eigentlich nur eine Folge des dritten Symptoms, das in dem Verlust der Transzendenz bzw. der Hoffnung auf eine andere Wirklichkeit jenseits von Raum und Zeit besteht:

„Das moderne Verhältnis zur Zeit beruht auf dem Verlust der Transzendenz bzw. der Hoffnung auf eine Heilszeit, die jenseits des vorfindlichen Raum-

[36] Ebd., 12.

Zeit-Kontinuums liegt."[37] Unser Leben erscheint uns als letzte Gelegenheit und es gilt die befristete Zeit maximal zu nutzen, beruflich wie privat. Und wir leben in der ständigen Angst, Wichtiges zu versäumen. Statt sich auf das Ende und ein Jenseits vorzubereiten, setzt sich der moderne Mensch zum Ziel das Ende möglichst weit hinauszuschieben.

Und es ist schon ein wenig paradox, aber: „Die knappe Zeit ist Gegenstand beständiger Sorge. In dieser Sorge aber meldet sich Todesangst. .... Die Folge der modernen Todesangst ist zum einen das Konzept der Beschleunigung, zum anderen dasjenige der Lebensverlängerung, das gegenwärtig den biomedizinischen Fortschritt anspornt. Beide Konzepte aber werden getrieben von derselben Todesangst, nämlich der Angst etwas zu versäumen, weil eben dieses Leben die einzige und letzte Gelegenheit bleibt."[38] So sind auch die Ziele von vielen Todkranken zu verstehen, die sich wünschen, dieses oder jenes noch zu erleben. Der Trost für die Anerkenntnis der eigenen Sterblichkeit liegt wahrscheinlich in der Vermutung, dass der eigene Tod mit dem Ende aller gleichgesetzt wird, denn nur dann kann man ja nichts versäumen. Und wie sagen doch manche: „Ich bin froh, dass ich das alles nicht mehr erleben muss." Wenn nach uns die Sintflut kommt, können wir nichts mehr verpassen.

Das Tragische aber ist die Zeitlosigkeit des modernen Menschen. Ihm bleibt keine Zeit und auch seine Zeit bleibt nicht! Am Ende bleibt von ihm nichts und sein Leben und seine Zeit ist vergessen und verloren. Denn alles ist eitel, alles ist Windhauch! – Wo bleibt die Zeit? – In der Resignation unserer Zeit über zu wenig und über nicht genutzte Zeit ist, braucht es eine Zeitansage. „Es ist Zeit, dass es Zeit wird; es ist Zeit!" Und diese Zeitansage finden wir im biblischen Buch des Predigers Kohelet, er entdeckt aus ähnlicher Zeitsuche heraus:

---

[37] U.H.J. Körtner, Was heißt heute eigentlich „Zeit"?, in ders., Anleitung zum Abschalten. Anstöße und Notizen zu einer Theologie des Alltags, Neukirchen-Vluyn 2002, 5.

[38] Ebd., 6.

Ein jegliches hat seine Zeit, und alles Vorhaben unter dem Himmel hat seine Stunde: geboren werden hat seine Zeit, sterben hat seine Zeit; pflanzen hat seine Zeit, ausreißen, was gepflanzt ist, hat seine Zeit; töten hat seine Zeit, heilen hat seine Zeit; abbrechen hat seine Zeit, bauen hat seine Zeit; weinen hat seine Zeit, lachen hat seine Zeit; klagen hat seine Zeit, tanzen hat seine Zeit; Steine wegwerfen hat seine Zeit, Steine sammeln hat seine Zeit; herzen hat seine Zeit, aufhören zu herzen hat seine Zeit; suchen hat seine Zeit, verlieren hat seine Zeit; behalten hat seine Zeit, wegwerfen hat seine Zeit; zerreißen hat seine Zeit, zunähen hat seine Zeit; schweigen hat seine Zeit, reden hat seine Zeit; lieben hat seine Zeit, hassen hat seine Zeit; Streit hat seine Zeit, Friede hat seine Zeit.

Man mühe sich ab, wie man will, so hat man keinen Gewinn davon. Ich sah die Arbeit, die Gott den Menschen gegeben hat, dass sie sich damit plagen. Er hat alles schön gemacht zu seiner Zeit, auch hat er die Ewigkeit in ihr Herz gelegt; nur dass der Mensch nicht ergründen kann das Werk, das Gott tut, weder Anfang noch Ende. Da merkte ich, dass es nichts Besseres dabei gibt als fröhlich sein und sich gütlich tun in seinem Leben. Denn ein Mensch, der da isst und trinkt und hat guten Mut bei all seinem Mühen, das ist eine Gabe Gottes. Ich merkte, dass alles, was Gott tut, das besteht für ewig; man kann nichts dazutun noch wegtun. Das alles tut Gott, dass man sich vor ihm fürchten soll. Was geschieht, das ist schon längst gewesen, und was sein wird, ist auch schon längst gewesen; und Gott holt wieder hervor, was vergangen ist.

Koh 3,1-15 (Luther)

Gegen die Zeitlosigkeit verkündet Kohelet die Zeit: Es ist Zeit! Ein jegliches hat seine Zeit. Geboren werden und sterben, pflanzen und ernten, töten und heilen. Alles hat seine Zeit! Kohelet, der wie der moderne Mensch versucht hat, einen Lebensentwurf völliger Diesseitigkeit zu versuchen, in dem das Leben die letzte Gelegenheit ist, erkennt: Zeit ist kein leerer Raum. Zeit ist kein beständiges Kontinuum, sondern Zeit ist voller Abbrüche und Neuanfänge. Gerade deshalb ist Zeit auch nicht leer, sondern Zeit ist erfüllt. Wider die Zeitlosigkeit, wider das Leben im Zeitraffer und wider die Angst des Versäumens erkennt Kohelet: *„Man mühe sich ab, wie man will, so hat man kein Gewinn davon."* Alles hat seine Zeit, auch jeder und jede von uns. *„Gott hat alles schön gemacht zu seiner Zeit, auch hat er die Ewigkeit in ihr Herz gelegt; nur dass der Mensch nicht ergründen kann das Werk, das Gott tut, weder Anfang noch Ende."* Die Zeitlosigkeit wird unterbrochen in dem Moment, wo uns aufgeht, dass wir Zeit haben, weil Gott sie schenkt und zumisst. Jeder neue Tag, den wir beginnen, ist Zeit, die Gott uns schenkt, nicht als leere Zeit, die es totzuschlagen gilt, sondern als Zeit, die wir uns nehmen sollen für das, was jetzt – um Gottes willen – an der Zeit ist. Und bei Paulus lesen wir: Jetzt ist die Zeit des Heils. Jetzt ist die Zeit der Gnade (2Kor 6,2).

Worum geht es also? Es geht um das Wagnis der Verlangsamung. Es geht darum sich der Gegenwart auszusetzen, nicht nur die Zukunft zu ersehnen, das Leben nicht von seiner Wirkung her zu betrachten, sondern die Gegenwart anzunehmen. Noch einmal Kohelet: *„Da merkte ich, dass es nichts Besseres dabei gibt als fröhlich sein und sich gütlich tun in seinem Leben."* Das Wagnis der Verlangsamung besteht vielleicht darin, sich weniger zu vertrösten, sich weniger um sich selbst zu sorgen, sondern sich wieder Menschen, Dingen, Lebewesen und Ereignissen zuzuwenden, sich mit ihnen aufzuhalten.

Das Wagnis der Verlangsamung ist die Wahrnehmung der Gegenwart als der Überlebenszeit. Das Wagnis der Verlangsamung ist das Wagnis des Glaubens und der Liebe, die Zeit für andere hat, für Solidarität, die sich Zeit nimmt. Paulus schreibt: Lass uns einander lieben „als solche, die die Zeit erkennen, nämlich, dass die Stunde da ist, aufzustehen vom Schlaf, denn unser Heil ist jetzt näher als zu der Zeit, da wir gläubig wurden (Röm 13,11)" Die Zeit ist reif, reif für die Liebe; denn die Liebe ist des Gesetzes Erfüllung und zugleich die Vollendung der Lebens. Das Leben aber endet, doch die Liebe bleibt.

Das Wagnis der Verlangsamung ist die Wahrnehmung der Liebe Gottes jetzt, die mir begegnet und Zeit schenkt. Es ist die Wiederentdeckung der Hoffnung auf eine zweite Wirklichkeit jenseits der Zeit. Gott schenkt uns Zeit zum Leben! Der Glaube als Wagnis der Verlangsamung führt ganz praktisch zu neuer Zeit: zu Gebetszeit, zu Mahlzeiten, zu Gottesdienstzeiten, zu Ruhezeiten. Gott selbst schenkt uns Zeit, den Sabbat, den Sonntag als Zeit des Lebens.

Ein letztes Mal Kohelet: „*Was geschieht, das ist schon längst gewesen, und was sein wird, ist auch schon längst gewesen; und Gott holt wieder hervor, was vergangen ist.*“ Auch das gehört zum Wagnis der Verlangsamung: die Erinnerung des Vergangenen als der Vergegenwärtigung des Lebens. Und wenn wir in diesem Monat November uns an unsere Toten erinnern, dann erinnern wir nicht nur ihr Leben, sondern dann erinnern wir doch zutiefst unser Leben. Dann erleben wir, dass diese Zeit erfüllte Zeit ist, die uns geschenkt ist als Gotteszeit. Diese erfüllte Zeit der Erinnerung lässt uns in der Gegenwart die Zukunft neu sehen, als eine uns entgegenkommende Zeit der Hoffnung auf Leben. Denn in aller Traurigkeit der Erinnerung steckt doch auch die Hoffnung, dass dereinst unsere Zeit nicht vergessen ist. Sondern dass die Zeit bleibt – hier und jetzt und in Zukunft. Die Zeit bleibt in unseren Herzen. Das aber möge uns heiter machen. Amen.

Zwischen den Zeiten[39]

Zwischen den Zeiten –
Lebendige Hoffnung auf Zukunft,
Fesselnde Erinnerung an die Vergangenheit,
Aufbruch und Verweilen,
Ermutigung und Ernüchterung.

Zwischen den Zeiten
das erinnerte Ende
übermalt vom kommenden Anfang.
Die Woche der Trauer –
gestaltet von den Bildern des Advents.

Zwischen den Zeiten!
Wir!
Heute am Ewigkeitssonntag
festgehalten
von der alten Welt der Vergänglichen
losgelassen
in den anbrechenden neuen Himmel durch die Verheißung.
Wir!
Uns bewegend
zwischen Trauer über die Toten
und wartend auf den Advent Christi!

---

[39] Predigt zu 2 Petr 3,3-13 am Ewigkeitssonntag (23.11.2008) in Bornhöved.

Zwischen den Zeiten
Aufbruch
mit Angst und Hoffnung.
Das Kommende macht neu
und das Neue verwandelt das Alte.

Zwischen den Zeiten
unsere Hoffnung
und unsere Erfahrung
in den letzten Tagen des Kirchenjahres!

Zwischen den Zeiten
schreibt ein dritter Petrus
einen Brief an die bedrängten Christen seiner Zeit.
Er schreibt:

Dies vor allem sollt ihr erkennen: Am Ende der Tage werden Spötter kommen, die ganz ihren eigenen Begierden leben und höhnisch sagen werden: Was ist nun mit der Verheißung seines Kommens? Seit die Väter entschlafen sind, bleibt ja alles, wie es ist, von Anbeginn der Schöpfung.

Denen, die solches behaupten, ist nämlich verborgen, dass es schon längst einen Himmel gab und eine Erde, die aus Wasser und durch Wasser bestand aufgrund des göttlichen Wortes, und dass durch diese beiden die damalige Welt in den Wasserfluten untergegangen ist.

Der jetzige Himmel aber und die jetzige Erde sind durch dasselbe Wort bewahrt worden; für das Feuer werden sie aufbewahrt auf den Tag des Gerichts und des Verderbens, das die gottlosen Menschen treffen wird. Dies eine aber soll euch nicht verborgen bleiben, meine Geliebten: Ein Tag ist beim Herrn wie tausend Jahre, und tausend Jahre sind wie ein Tag.

Der Herr zögert nicht, die Verheißung zu erfüllen, wie einige meinen, sondern ist geduldig mit euch; er will nicht, dass einige zugrunde gehen, sondern vielmehr, dass alle den Weg der Umkehr einschlagen. er Tag des Herrn aber wird kommen wie ein Dieb; dann wird der Himmel verschwinden mit großem Getöse, die Elemente des Alls werden sich in der Hitze auflösen, und die Erde, die Werke, die auf ihr vollbracht wurden, werden zutage kommen.

Wenn sich nun dies alles derart auflöst, wie entschlossen müsst ihr dann euer Leben führen, heilig und fromm! Wartet auf den Tag Gottes und beschleunigt seine Ankunft - seinetwegen wird der Himmel sich auflösen im Feuer, und die Elemente des Alls schmelzen in der Hitze. Wir warten aber aufgrund seiner Verheißung auf einen neuen Himmel und eine neue Erde, in denen Gerechtigkeit wohnt.

2 Petrus 3,3-13 (Zürcher)

Spott und Hohn überkam die Christen damals durch ihre Kritiker. Sie hatten ihre Hoffnung verloren. Einst hatten auch sie eine lebendige Hoffnung auf das Kommen Christi. Sie waren sicher, bald werden der neue Himmel und die neue Erde kommen und mit ihnen das Gericht. Doch längst waren mehrere Generationen von Brüdern und Schwestern gestorben. Die Hoffnung, die Erwartung hatte nachgelassen. Man hatte sich eingerichtet zwischen den Zeiten. Der Hohn der Kritiker: „Nichts neues unter der Sonne!“ Alles geht doch seinen Gang, so wie es immer war. Menschen werden geboren und Menschen sterben. So war es und so ist es und so wird es sein! Das Leben geht weiter, es ist ein ewiger Zyklus, daran ändert auch der Glaube an Jesus Christus nichts!

Eine trostlose stoische Botschaft. Die Spötter glauben an die Unwandelbarkeit der Welt. Ihr Glaube lähmt und macht sie gleichgültig. Der Glaube macht zynisch! So ist das Leben eben! Es gibt nichts zu erwarten, was wirklich erlöst. Alles geht seinen Gang!

Eine Haltung die auch heute im Christentum immer wieder begegnet. Von den letzten Dingen zu reden fällt schwer. Die Hoffnung auf Veränderung wachzuhalten ebenso. Die Versuchung ist groß sich dem Trott des Jahreszyklus hinzugeben. Und doch gerade dieser Sonntag ruft uns heraus aus diesem Lebenstrott. Er macht uns unsere Existenz zwischen den Zeiten bewusst. Mir ging dies in den letzten beiden Tagen so, als ich mir die Namen der Verstorbenen des Kirchenjahres vergegenwärtigte. Wie mag es den Trauernden wohl ergangen sein, als die erste Zeit der Kondolenzbesuche vorbei war. Wie schnell erwarten wir heute, dass das Leben weitergeht, dass man sich wieder einfindet in den Alltag, dass sich Hinterbliebene mit dem Verlust arrangieren. So ist das eben. Alles hat seine Zeit: geboren werden und sterben! Nichts Neues unter der Sonne! Alles so wie immer! Alles nicht so schlimm!

Diese Haltung mag ja einen gewissen Realismus haben unter der Sonne, aber sie ist zynisch. Sie ist gleichgültig gegenüber den Trauernden, sie ist gleichgültig gegenüber allen Leidenden. Sie stößt all jene vor den Kopf, die eine akute Bedrohung unserer Welt wahrnehmen und sie macht hoffnungslos. Eine Welt, die nur in ihrem Zyklus verharrt, dreht sich im Kreis und dreht sich letztlich um sich selbst. Das ist die Hoffnungslosigkeit der Realisten und der Spötter und das ist zugleich auch ihre eigene Tragik, denn sie haben die Hoffnung verloren und damit zugleich auch die Substanz des Glaubens.

Der Autor des 2. Petrusbriefes versucht diese Hoffnung und die Substanz des Glaubens wiederherzustellen. Seine Bilder sind uns fremd. Er redet vom Weltenbrand und Verderben. Ein Weltuntergangsszenario wird gezeichnet. Apokalyptische Bilder als seien wir in einem amerikanischen Kinofilm. Bilder, die wir hierzulande wenig ernstnehmen. Wir können doch allgemein den ganzen Geschichten um einen „Countdown zum Finale der Welt!", so ein amerikanischer Bestseller, wenig abgewinnen. Hierzulande gibt es wenige, unbedeutende Propheten, die uns schon in der Endzeit sehen.

Apokalyptische Bilder erzeugen wir eher aus Erinnerungen: der Feuerpilz von Hiroshima, die rauchenden Türme des World Trade Centers von 11. September, die gewaltige Flutwelle des Tsunamis, die unheimliche Todeslandeschaft von Tschernobyl. Wer das miterlebt hat – und wenn es nur am Fernsehen war, wird für sich vielleicht empfunden haben: Das ist das Ende.

Die erste weithin unbekannte Atomkatastrophe ereignete sich am 29.11.1957 in Majak im Uralgebiet. Die Ärztin Nina Afonina, die zu helfen versuchte, fasst ihre Erschütterungen so zusammen: „Ich weiß jetzt, wie der Weltuntergang aussieht. Es sind Dutzende blutender und sterbender Kinder, denen du kein bisschen helfen kannst."[40] Unsere Weltuntergangsszenarien entwerfen nicht die Propheten und Priester, sondern die Zeithistoriker und die Kultursoziologen, die Umweltforscher, die Bevölkerungspolitiker, die Epidemologen und all die anderen Zukunftsforscher. Ihre gemeinsame Mahnung: Wenn es erst einmal da ist, kann man nichts mehr tun. Vorher aber ist noch eine Frist. Wer sie versäumt, der ist verloren. Darum gilt es jetzt zu handeln. Der 2. Petrusbrief, der die Welt brennen sieht, ist der gleichen Meinung.

Es sind die gegenwärtigen Zustände, die die Zukunft aufs Spiel setzen. Es ist der Zynismus der Gleichgültigkeit, der Zynismus des zyklischen Denkens. Der Tod gehört vielleicht zum Leben, aber er durchbricht das Leben. Der Tod mag ein Ende sein und auch ein Anfang und trotzdem geht das Leben nicht einfach weiter. Die Trauer und das Leiden am Verlust vergehen doch nicht so plötzlich wie sie gekommen sind. Man kann den Schalter nicht einfach umle-

---

[40]http://www.aktuell.ru/russland/reportagen/wie_weltuntergang_50_jahre_atomunfall_von_majak_122print.html abgerufen am 15.9.2014.

gen. Nein! Der Tod durchbricht das Leben und der Tod öffnet das Leben, denn er stellt die alles entscheidende Frage: „Was dürfen wir hoffen?"

Und die Antwort des 2. Petrusbriefes: *„Es bleibt nicht alles, wie es ist!"* Das ist bedrohlich und tröstlich zugleich. Und man kann es dem Predigttext entnehmen, denn dessen apokalyptischen Bilder sprechen eine klare Sprache: Die Zukunftshoffnung des Glaubens ist kein Ruhekissen. Die Zukunftshoffnung des Glaubens stellt die gegenwärtigen Zustände in Frage. Nicht nur das Geschehen der Welt, selbst die Trauer wird in Frage gestellt. Die Zukunftshoffnung ist der Realismus des Glaubens. Er sieht sehr wohl, was ist und was auf uns zukommen könnte – im Guten wie im Bösen. Angst liegt nahe. Aber: *Es bleibt nicht alles, wie es ist!* Sagt der Glaube dagegen. Er macht deshalb hellwach und mutig und hält die Hoffnung aufrecht – allen Widrigkeiten zum Trotz. Es kommt ein neuer Himmel und eine neue Erde. Es kommt auch die Gerechtigkeit!

Die Rede vom Gericht mag erschrecken. Die Spötter haben mit der Hoffnung auch die Erwartung des Gerichts und der Gerechtigkeit aufgeben. Das ist nicht nur das Ende der Verantwortung, es ist doch zugleich auch die Zumutung der Gleichgültigkeit. Wenn uns nichts mehr erwartet, wenn der Tod nur eine biologische Angelegenheit ist im Zyklus dieser Welt, dann ist auch all unser Tun und Sein egal. Das aber nimmt den Toten und den Lebenden die Würde!

Nein, das Evangelium heißt vielmehr: *Es kommt alles noch einmal zur Sprache.* Wir werden ernstgenommen von Gott und vor Gott! Deshalb kommt es im Leben darauf an, wie wir handeln. Deshalb ist unser Tun nicht beliebig und egal! Christliche Zukunftshoffnung vertröstet nicht, sondern sie lässt gegenwärtig leben, sie begründet ein Leben der wachsamen Verantwortung. Der Tag des Herrn kommt wie ein Dieb in der Nacht! Das Leben ist nicht belanglos, selbst wenn es arm und unerfüllt erscheinen mag. Ich glaube niemand erkennt dies besser als die Trauernden, die nicht einfach weiter machen können wie immer. Die Trauer erkennt das Leben sowohl im Guten wie im Schlechten als bedeutungsvoll. Die Trauer gibt dem Leben Würde – dem toten und dem eigenen. Die Trauer schenkt Leben, weil sie die Hoffnung wachhält.

Christliche Zukunftshoffnung vertröstet nicht, sie lässt gegenwärtig leben! Das Weltende wird nicht düster sein, so wie auch der Tod nicht düster ist. Tod wie Weltende heißt im Licht christlicher Hoffnung: *„Es bleibt nur noch Gott“*, der Gott, der wie Feuer ist und der unendlich liebt. Und wenn Gott kommt, dann wird sein Gericht nicht vernichtend sein, sondern dann werden die guten Werke der Erde zutage treten. Dann wird ein neuer Himmel und eine neue Erde sein, wo Gerechtigkeit wohnt.

Wir leben zwischen den Zeiten! Der kommende Himmel, der kommende Herr – wir erahnen ihn schon am Horizont, wenn wir festhalten an seiner Verheißung und doch wir erleben in der Trauer und der Erinnerung dieser Tage, dass diese Verheißung noch nicht in Erfüllung gegangen ist. Setzen wir aber unsere Hoffnung in die Verheißung des kommenden Gottes, so geben wir unsere Toten nicht verloren, wir bewahren sie. Sie haben eine Zukunft bei Gott, im Haus der Liebe, im anbrechenden kommenden neuen Himmel.

Unsere Toten haben ihren Ort, ihre Heimat bei Gott! Dort sind sie nicht vergessen, dorthin können wir sie loslassen. Sie sind in einer anderen Zeit. Und gleichzeitig ist ihr Ort unsere Verheißung. Wir müssen uns unsere Zukunft nicht schaffen. Gott, der sich dir in der Taufe zugewandt hat, er schenkt dir Zukunft. Du darfst darauf vertrauen, weil du diese Verheißung und Hoffnung durch das Siegel der Taufe in dir trägst. Wenn du dies vermagst, wenn du den dir zugewandten Gott wahrnimmst, als einen der deine Trauer und dein Leid, aber auch deine Schritte im Hier und Jetzt begleitet, dann kannst du dich dem hingeben, was heute dran ist.

Wir leben zwischen den Zeiten. Leben zwischen den Zeiten ist Warten, ist Hoffen auf den neuen Himmel und die neue Erde. Im Warten und Hoffen halten wir dem Noch-nicht stand. Wir lassen uns nicht billig vertrösten. Nein, du darfst dir die Zeit nehmen!

Erinnere dich,
lass es ruhig zu –
zu weinen,
zu lachen,
zu gedenken,
die Zeit ist dir geschenkt –
als deine Hoffnung.

Wir leben zwischen den Zeiten
und der Weg ist lang,
doch der kommende Herr
ist schon nah.

Das Ende verheißt den Anfang!
Wir warten aufgrund seiner Verheißung
auf einen neuen Himmel
und eine neue Erde,
in denen Gerechtigkeit wohnt.
„Der Himmel, der kommt,
grüßt schon die Erde, die ist,
wenn die Liebe das Leben verändert.“ (EG 153)
Amen.

Versuch über den Sinn des Sabbats[41]

Am siebten Tag schaffte Gott nichts. Gott ruhte! Im jüdischen Midrasch lautet die Antwort allerdings: „Gelassenheit, Heiterkeit, Frieden und Ruhe."

Von Gelassenheit am Sabbat war bei den Pharisäern in der biblischen Geschichte soeben nichts zu spüren.[42] Sie sind verfallen in ihre gewiss wohlmeinende Gesetzlichkeit – des „Du-darfst- nicht". Noch gar nicht lange her, dass wir dieses „Du-darfst-nicht" am Sonntag auch gedacht und gelebt haben: Jedenfalls sind manche kirchlichen Äußerungen zum Sonntag durchaus pharisäisch geprägt.

Die kleine biblische Episode über den Sinn des Sabbats ist darum durchaus verhängnisvoll für eine Sonntagspredigt, denn wie leicht können wir darin selbst zum Pharisäer werden. „Der Sabbat ist um des Menschen willen geschaffen, nicht der Mensch um des Sabbats willen.", sagt Jesus. Niemand wird ihm wohl damals widersprochen haben, aber was gilt denn am Sabbat, am Sonntag? Dazu eine kleine Bestandsaufnahme in Episoden.

---

[41] Predigt zu Mk 2,23-28 am 13.10.2013 (20. So n. Trinitatis), Friedenskirche Heidelberg.

[42] Der Predigttext Mk 2,23-28 wurde im Gottesdienst als biblische Lesung gelesen.

Immer wieder sonntags

Da sitzt Hans Zeitlos nun –
auf dem Sofa,
heute drängt ihn mal keiner,
keine Hetze,
kein Termin,
die Glocken läuten,
er hat heute frei.

„Papa, ich will was spielen.“
„Schatz, die Wäsche, muss noch aufgehängt werden!“

Heute einfach mal nichts tun,
da sitzen
– einfach sitzen,
einfach ruhen.

Fünf Minuten geht das gut -
dann ist der Kaffee leer.
Hans Zeitlos schaut auf sein Handy -
die Glocken läuten immer noch.
Unruhig wälzt er sich hin und her.
Was soll dieser Tag?
Man könnte doch!
Man sollte doch!
Er denkt an seinen Schreibtisch
die sich stapelnden Bücher und Akten.
Wenn nur nicht Sonntag wär.

„Schatz!“
„Papa!“

Vielleicht einen Ausflug machen.
Irgendetwas Sinnvolles mit der Zeit anfangen.

„Der Kleine hat einen Stinker."

Vorbei ist die Zeit auf dem Sofa.
Wäre er doch wie jeden Tag einfach aufgebrochen.

Aber es ist ja Sonntag.

Sonntag der Freiheit

Gegen Mittag,
schlägt der gelangweilte Familienvater Hans Zeitlos seiner Familie einen Ausflug vor.

„Bloß keinen Ausflug machen heute",
protestiert seine Tochter,
„Ich komme nicht mit!"

„Ich will heute einfach nur da liegen und lesen!
Ich will mich ausruhen!
Keiner kann mich zwingen!"

Hans Zeitlos staunt und grübelt.
Kindermund tut Wahrheit kund.

Aber muss er nicht
Zeit mit seinen Kindern verbringen,
sie lehren,
ihnen Erfahrungen schenken,
mal wieder Zeit für die Familie haben?

Heute ist doch Sonntag!
Feiertag.

„Eben“, sagt seine Tochter,
„und da lese ich und liege, und ruhe aus.
Ich brauche Entspannung!“

Es ist Sonntag – Tag der Freiheit!

Für das Leben lernen, heißt von den eigenen Kindern lernen.

Der Tag verläuft so vor sich hin.
Aufs Eigentliche zurück geworfen.
Hat er sich aufgemacht von seinem Sofa.

Die Große will ihre Freiheit zur Ruhe.

Der kleine sitzt inzwischen Gedanken verloren im Sandkasten.
Und baut.
Seine Frau pflückt die Kirschen.

Sie alle machen etwas.
Sie alle tun etwas.

Staunen setzt ein.
Was ist das für eine Welt?
Da hat er mal Zeit,
aber alle anderen tun und machen.

Ist denn heute nicht Sonntag.
Da kann man doch nicht:
Bauen
Pflücken
Waschen.

Lernen.

Nichtstun oder doch was tun.

Was ist nur aus ihm geworden?

Der Sonntag -

Tag der Langeweile,

Tag der Verzweiflung.

Nicht mal einkaufen kann er heute.

Völlig sinnentleert.

Früher aber ...

Schlendern *und Ährenraufen*

„Die Jünger Jesu schlendern am Sabbatmorgen durch ein Feld, das Korn erntereif, einige lassen im Gehen die Handinnenflächen über die Ähren streichen (wie man es als Kind tut) und finden das so sinnlich-schön, wie es ist. Da kriegen sie Lust, ein paar Halme auszurupfen, zerreiben die Ähren zwischen den Händen, kommen an die reifen Körner und probieren den Geschmack."[43]

Von ferne werden sie beobachtet. Und die, die sie beobachten, sind entsetzt. Die können doch nicht einfach so, nein, das geht doch nicht. „Sie brechen einen Streit vom Zaun, den keiner der arglos Genießenden gewollt hat. Aber hätten sie es nicht kommen sehen müssen? Nein, hätten sie nicht."[44]

Sie sind zwar erst kurze Zeit in der Gesellschaft des Mannes aus Nazareth unterwegs, aber die Jünger haben schon Geschmack gefunden. Einen Geschmack wie sich das Leben anfühlt, das auf den Augenblick bezogen ist,

---

[43] Klaus Eulenberger, PrSt 2012/2013, S. 192.

[44] Ebd.

von Programmen weit entfernt, unangestrengt, unbesorgt, zum Staunen. Sie fragen nicht wie die Beobachter, ob es nun erlaubt sei am Sabbat ein paar Körner zu pflücken und zu essen.[45] Sie tun es einfach aus der geschenkten Zeit heraus.

Es ist Sabbat – Gottes Ruhegeschenk für die Menschen. Sie schlendern absichtslos durch das Feld. Völlig absichtslos – es hat keinen tieferen Sinn noch Zweck.

Im Gartenstuhl

Hans Zeitlos beobachtet weiter
seinen Sohn beim Spielen und Bauen im Sandkasten,
seine Frau beim munteren Treiben.

Was die Nachbarn wohl sagen werden,
wenn sie vom Sonntagsspaziergang kommen werden?

So sitzt er da.
Und schaut dem absichtslosen Treiben zu.
Und er denkt über die Worte seiner Tochter nach:
Entspannung.

Welch‘ Mut zur Freiheit.
Ein Ruhetag für die Seele – der Sabbat,
ob Samstag oder Sonntag.

Ein Tag für sinnloses zweckfreies Tun.
Und er hat sich so viele Gedanken gemacht,
Was man alles mal wieder
müsste,

[45] Ebd.

könnte,

sollte.

Und nun ist er ganz auf sich zurück geworfen.

Er nimmt das Buch zur Hand, dass er vor Wochen zu lesen angefangen hatte:

„Der alte König im Exil“.

Arno Geiger beschreibt darin seinen an Demenz erkrankten Vater, der sagt:

„Mir geht es meiner Beurteilung nach gut.

Ich bin ein älterer Mann,

jetzt muss ich machen,

was mir gefällt,

und schauen,

Was dabei herauskommt.“

„Und was willst du machen, Papa?“, fragt der Sohn.

„Nichts eben.

Das ist das Schönste, weißt du.

Das muss man können.“[46]

Hans Zeitlos schaut nach diesen Zeilen wieder auf seinen Sohn,

der nun Sand durchsiebt

– immer und immer wieder.

Er denkt an seine Tochter,

die immer noch entspannt.

Und er sieht seiner Frau zu,

die inzwischen Kirschen isst.

[46] Arno Geiger, Der alte König im Exil, dtv taschenbuch 2012.

Nichts tun wie der Alte
Schlendern wie die Jünger.
Zu sich selbst kommen,
einfach so,
entkleidet von jedem Muss,
von jeder Pflicht.
Glücklich sein wie seine Kinder,
ruft er lächelnd:

„Ach ist dieser Sabbat schön – sonntagsschön!“

Gedanken kreisen in ihm,
was er aus seinem Glück heraus Sinnloses tun könnte:

Die Comicsammlung sortieren
Schlafen, bis es nicht mehr geht
Tatort gucken,
Über den Friedhof streifen,
mit der leeren Straßenbahn fahren,
Sonntagsfahrer sein,
Musik machen,
schön Kochen.

Er bleibt einfach sitzen
schaut weiter seinem Sohn zu,
wie er spielt
und denkt:

„Ja, dazu ist der Sabbat da.“

Ein Tag an dem du, für dich entdecken kannst -
frei von allen Zwecken,

frei von allen Pflichten,
frei von allen ökonomischen Zwängen:

Gott liebt dich als Mensch
in deinem so sein.
Gott definiert dich nicht nur über deine Taten.
Du darfst dich spüren
und wahrnehmen als einen der angewiesen ist
auf Gelassenheit, Heiterkeit, Frieden, Ruhe.
Du darfst deinen heiteren Frieden finden
mit dem was du geschafft hast,
und mit dem woran du gescheitert bist,
denn das Leben ist mehr als dein Tun und Treiben,
mehr als dein Funktionieren.

Einfach wieder schlendern

Das Leben ist wie der Sabbat ein schönes Geschenk Gottes an den Menschen. So schön wie das gedankenverlorene Treiben unserer Kinder, unserer Täuflinge.[47] Welch ein Segen!

Wenigstens am Sabbat, für uns Christen am Sonntag können wir es gefahrlos wagen, uns das zu erinnern, wenn wir einfach durchatmen, verweilen, schlendern und dem Klang der Stille Raum geben als eine köstliche Unterbrechung des rauschenden Alltags.[48]

Amen.

---

[47] Nach der Predigt wurden in diesem Gottesdienst vier Kinder getauft.
[48] Vgl. Konstantin Wecker, Mönch und Krieger, Gütersloh 2014, 191-192.

Auf der Spur zu mir selbst

Es ist nicht immer leicht Ich zu sein ...[49]

Fürchte dich nicht!
Furcht und Staunen!
Regungen des Anfangs.
Wenn das Leben entsteht im Mutterleib:
Furcht und Staunen
über das wachsende Leben!

Wie ist das möglich?
Leben - faszinierend euer erstes Ultraschallbild
und die Freude eurer Mütter und Väter groß.
Da wächst etwas heran:
geheimnisvoll,
verheißungsvoll,
wertvoll,
wundervoll.

Und dann der Tag eurer Geburt:
ein Kind,
zart und unschuldig,
stimmgewaltig und hilflos,
hungrig nach elterlicher Wärme
und Lebensmilch.
Du – ein Kind -
das getragen ist

---

[49] *Predigt zur Konfirmation am 28./29. April 2012 in Bornhöved (Jes 43,1-7).*

und das in sich trägt
die Wünsche und Hoffnungen des Lebens.

So wirst du getauft:
bekommst einen Namen,
bist erkennbar,
bist gekannt,
wirst gerufen,
und gehörst
zu Gott, dem Vater,
dessen origineller Schöpfungsgedanke du bist,
und gehörst
zu Jesus, Gottes Sohn,
der dir Gottes Liebe immer wieder zeigt,
und gehörst
zum Heiligen Geist,
der dich begleitet, tröstet, dir Erfahrung schenkt.

So wächst du hinein und brichst auf in dein Leben,
erst zaghaft,
eine erste Drehung unter großem Jubel,
dann auf dem Bauch robbend,
kommst auf die Knie
und stehst auf.

Du wagst deine ersten Schritte
noch ein wenig wacklig,
noch ein wenig tapsig
und doch mutig und neugierig.
Mit Händen und Füßen erkundest du deine Welt.

Du lernst Worte,
der Liebe: Mama und Papa.
Du lernst deinen Namen.
Du lernst zu sagen, was du willst.
Und irgendwann lernst du „Ich“ zu sagen.

Da erkennst du dich unterschieden von Mutter und Vater,
als eine eigene Persönlichkeit.
Du bist ein Ich
auf eigenen Füßen,
mit eigenen wertvollen Gedanken,
mit deiner Stimme
und deinen Worten,
mit deinen Augen
mit deinen Ohren.

So reifst du langsam aber unaufhaltsam
heran
zu einer Persönlichkeit,
die liebt und lacht,
die träumt und sich sehnt,
die hofft und weint,
die hört und sieht,
die sucht und findet,
die fragt und erkennt,
die fürchtet und staunt,
die vertraut und die glaubt.

Und hörst die Gottes Worte, der da spricht durch den Propheten Jesaja:

Fürchte dich nicht, denn ich habe dich erlöst; ich habe dich bei deinem Namen gerufen; du bist mein! Wenn du durch Wasser gehst, will ich bei dir sein, dass dich die Ströme nicht ersäufen sollen; und wenn du ins Feuer gehst, sollst du nicht brennen, und die Flamme soll dich nicht versengen.

Jes 43,1b-2

Liebe Konfirmanden, liebe Konfirmandinnen, liebe Festgemeinde,

mitten auf eurem Lebensweg, auf dem Weg irgendwo zwischen Kindheit, Jugend und Erwachsensein feiern wir mit euch und für euch ein Segensfest. Konfirmation ist ein Segensfest. Segen ist Zuspruch und Vergewisserung, dass EINER Ja zu dir sagt.

Und für dieses Ja Gottes brauchst du nichts tun, außer es dir sagen zu lassen, außer zu diesem Ja Gottes Ja zu sagen. Das allein ist der Glaube: *Bejahen, das du bejaht bist (Paul Tillich).* Bejahen, dass einer dich in seinen Augen wertachtet. Er achtet dich so wert, dass er alles für dich geben wird.

Konfirmation bedeutet für mich immer wieder, mit jedem Jahrgang, mit jeder Gruppe zu erkennen, wie wertvoll und wie originell Gottes Schöpfungsgedanken sind. Ich habe es auch an euch erlebt und ganz sicher können es eure Eltern und Paten bestätigen: Ihr seid originelle Persönlichkeiten, mit Witz und mit Charme, mit manchmal sehr klugen Gedanken, ihr strahlt etwas aus von dem Licht, von der Wärme, von der Liebe, die Gott euch gegeben hat.

Konfirmation ist immer auch das Fest der Erinnerung für alle, die euch kennen und lieben. Ihr seid faszinierende und geheimnisvolle Menschen, die unendlich wertvoll sind und die unter Gottes Segen die Welt erkunden.

Ja, ihr seid geheimnisvoll. Jeder Mensch ist ein Geheimnis. Wir verstehen und erkennen einen Menschen nie ganz. Nicht einmal uns selbst verstehen wir im Leben ganz. Ihr seid manchmal geheimnisvoll in euren Worten und in eurer Sprache, wenn ihr in SMS oder auf Facebook unzählige Kürzel benutzt: LOL, fg, sfg, gz, ilu, gj. Ja, oder wenn ihr eure Statusmeldung mit Halbsätzen erneuert, wie: „Sowieso jetzt alles egal …“ oder „Noch drei Tage. Freu mich total!“ Ihr seid auch geheimnisvoll, wenn die Erwachsenen euch nicht verstehen, weil ihr gerade vielleicht auch selbst nicht wisst, was gerade passiert.

Konfirmation heißt auch: Gott sagt „Ja“ zum Geheimnis in dir. Weil, dass was du von dir zu erkennen gibst an der Oberfläche nicht alles ist, sondern weil da mehr ist als deine Stimmung, als die Fotos, die du auf Facebook einstellst. Gott sagt Ja zu dir, einfach weil du bist.

Die Konfirmandenzeit, die nun hinter euch liegt, ist eine Zeit der Vergewisserung und Erinnerung dieses geheimnisvollen Ja's Gottes. Und es ist eine Zeit, in der ihr Gelegenheit hattet, etwas über euch zu erfahren.

Gewiss bei aller Unruhe und bei all unserer Müdigkeit im Konfirmandenunterricht nach langen Schul- und Arbeitstagen, habe ich immer wieder sehen können, welche Schätze in euch schlummern. Es sind Schätze der Ironie, aber auch Schätze der sensiblen Wahrnehmung. Ich habe euch erlebt als Menschen auf der Suche.

Das Leben heute ist ja geprägt von Selbstinszenierung und nicht selten auch Oberflächlichkeit. Es kommt auf viele Äußerlichkeiten an: gute Noten, coole Handys, markige Sprüche, flotte Frisuren, das richtige Profilfoto und die Zahl der Freunde. Es ist nicht immer leicht Ich zu sein und sich selbst so zu anzunehmen, sich selbst so zu bejahen, wie man bejaht ist.

Nein, unsere Gesellschaft verlangt heute von euch Jungen, wie von den Alten, die Selbstinszenierung und die Verbergung der eigenen Emotionen. Es gibt trotz aller Selbstverwirklichung nur wenig Raum für die eigene Bedürfnisse. Wir sind getriebene. Wir zeigen unsere Oberfläche, hetzen von Termin zu Termin, selbst ihr, liebe Konfirmanden und Konfirmandinnen, mit euren vollen Terminplänen zwischen Schule, Kirche, Sportverein und Familie. Der Druck, immer und überall „on“ zu sein, ist gewaltig.

Dieses Leben ohne Zeiten der Ruhe, ohne Sorge um das eigene Ich und das eigen Herz, ohne die Sorge und die Offenheit für die eigene Emotionen treibt gegenwärtig viele Menschen in die Angst und ins Burn Out.

„Der Mensch sieht was vor Augen ist, Gott aber sieht das Herz an!“ heißt es in der Bibel (1 Sam 16,7). Gott sieht unter die Oberfläche und er sieht deinen unendlichen Wert. Er sieht dein offenbares, aber auch dein verborgenes Glück. Gott sieht auch deine Sehnsucht und deine Traurigkeit. Und Gott spricht zu dir immer wieder und immer wieder neu:

Fürchte dich nicht, denn ich habe dich erlöst; ich habe dich bei deinem Namen gerufen; du bist mein! Wenn du durch Wasser gehst, will ich bei dir sein, dass dich die Ströme nicht ersäufen sollen; und wenn du ins Feuer gehst, sollst du nicht brennen, und die Flamme soll dich nicht versengen … weil du in meinen Augen so wert geachtet bist.

Es liegt an uns allen, liebe Gemeinde, an den Eltern und Paten, an den Handelnden in der Kirche und auch an euch Konfirmanden und Konfirmandinnen, uns einander wieder Zeit zu schenken. Wir müssen entdecken, dass wir uns ernstnehmen mit unseren Bedürfnissen nach echten Gesprächen, mit unserer Suche nach Sinn, mit unserem Bedürfnis nach Liebe und Zuwendung.

Es ist nicht immer leicht Ich zu sein.
Doch du darfst es wagen,
du darfst zu dir stehen,
zu deinen Meinungen,
zu deinen Träumen,
zu deinen Ideen,
zu deinen Bedürfnissen,
zu deinen Schwächen,
zu deinem Glauben.

Es ist nicht immer leicht Ich zu sein.
Ich aber wünsche dir,
dass du dir weiter Zeit schenkst und schenken lässt,
dein Ich zu leben,
es immer wieder zu finden,
und es dir durch Gottes Wort und Gottes Liebe sagen zu lassen.

Gott lädt dich ein,
unter deiner Oberfläche
dein Herz sprechen zu lassen,
dass es fühlt,
dass es lebt,
er sieht gnädig und gütig,
was du verbirgst,
er sieht deinen Kern,
den Kern, deinen Schatz im Herzen.

Was er da sieht?

Er sieht dein Ich,
ein Wunder in seinen Augen,
dass uns,
dass deine Mutter und dein Vater
und alle, die dich lieben,
immer wieder geheimnisvoll staunen lässt.

Du bist Gottes Wunder und Gott spricht:

Fürchte dich nicht, denn ich habe dich erlöst; ich habe dich bei deinem Namen gerufen; du bist mein! Wenn du durch Wasser gehst, will ich bei dir sein, dass dich die Ströme nicht ersäufen sollen; und wenn du ins Feuer gehst, sollst du nicht brennen, und die Flamme soll dich nicht versengen … weil du in meinen Augen so wert geachtet bist.

Jes 43,1b-2.4a

Gott sagt unbedingt und bedingungslos Ja zu dir! Ich wünsche dir, dass du dieses Geschenk annehmen kannst. Amen.

Schon jetzt und noch nicht[50]

Es ist Advent,
Zeit der Vorfreude,
Zeit der Erwartung,
Zeit der Verheißung,
Zeit aber auch der Vorbereitung,
mitunter sogar eine Zeit voller festlichem Stress.
Eine Zeit zwischen den Zeiten:
Irgendwie schon festlich,
aber das Fest steht doch noch aus.
Alles scheint im Werden,
am Anfang,
alles ist auf dem Weg:
auf dem Weg nach Bethlehem in den Stall,
auf dem Weg zu neuen Orten,
auf dem Weg zum Fest,
auf dem Weg zum Heil.

Zu diesem Anfang gehören im Lukasevangelium die Geschichten der Wegbereitung. Da ist die Geschichte der Mütter: die alte *Elisabeth*, deren Unfruchtbarkeit sich verwandelt in eine prophetische Schwangerschaft, und die junge *Maria*, die sich schwanger mit dem Herrn auf dem Weg macht zur Prophetenmutter Elisabeth. Die Müttergeschichten künden an – erwartungsfroh, gespannt, voller Freude.

Zu den Geschichten der Wegbereitung gehört die Geschichte eines Kindes. Es ist die Geschichte des Kindes Johannes des Täufers. Es ist die Geschich-

[50] Predigt über Lk 1,67-80 zur Vorstellung als zukünftiger Pfarrer in der Friedenskirche Heidelberg-Handschuhsheim am 1. Advent 2012. Zum Zeitpunkt der Predigt war das Besetzungsverfahren bereits abgeschlossen.

te des Propheten, der schon im Mutterleib vor Freude über das erwartete Jesuskind hüpft. Der Prophet bereitet dem Herrn den Weg und erschließt Maria ihr Kind.

Und zu den Geschichten der Wegbereitung gehört die Geschichte des Vaters. Es die Geschichte des Vaters Zacharias, der Priester, der die Wege und Zeiten der Mütter und des Kindes zweifelnd stumm verfolgt bis zu jenem Tag, da der kindliche Wegbereiter Johannes geboren wird und der stumme Priester, vom Geist erfüllt, weissagt und einen prophetischen Lobgesang anstimmt, welcher der Predigttext für den 1. Advent ist:

Gelobt sei der Herr, der Gott Israels!
Denn er hat besucht und erlöst sein Volk
und hat uns aufgerichtet eine Macht des Heils
im Hause seines Dieners David
– wie er vorzeiten geredet hat
durch den Mund seiner heiligen Propheten –,
dass er uns errettete von unsern Feinden
und aus der Hand aller, die uns hassen,
und Barmherzigkeit erzeigte unsern Vätern
und gedächte an seinen heiligen Bund
und an den Eid, den er geschworen hat unserm Vater Abraham,
uns zu geben,
dass wir, erlöst aus der Hand unsrer Feinde,
ihm dienten ohne Furcht unser Leben lang
in Heiligkeit und Gerechtigkeit vor seinen Augen.
Und du, Kindlein, wirst ein Prophet des Höchsten heißen.
Denn du wirst dem Herrn vorangehen, dass du seinen Weg bereitest
und Erkenntnis des Heils gebest seinem Volk
in der Vergebung ihrer Sünden,
durch die herzliche Barmherzigkeit unseres Gottes,

durch die uns besuchen wird das aufgehende Licht aus der Höhe,
damit es erscheine denen, die sitzen in Finsternis und Schatten des Todes,
und richte unsere Füße auf den Weg des Friedens.

Lk 1,68-79

Ein eigenartiger Lobgesang ist das. Zacharias singt wie einer, der alles, was er erwartet, schon jetzt erlebt und erfährt. Gott hat sein Volk besucht und erlöst. Gott hat seine Verheißungen erfüllt. Doch zugleich steht das alles noch aus: Barmherzigkeit, Gerechtigkeit und Frieden.

Der Besuch Gottes beim Volk hat noch verheißungsvolle Folgen, denn der Besuch hinterlässt ein Kind – unfertig, entwicklungsfähig. Ein Kind ist immer Erfüllung und Verheißung zugleich.

Zacharias' Lobgesang ist so etwas wie ein Gesang zwischen den Zeiten. Er steht ganz in der Motivik und in der Tradition des Alten Testaments. Alles, was geschieht und geschehen wird, fußt auf den Erfahrungen Israels, den Erfahrungen der Verheißung, des Glaubens und ebenso auch des Zweifels und der Bedrängnis.

Zacharias, der alte Priester, der für die Priesterschaft Israels steht, der seinen Dienst tut und der bei seinem Dienst eine Engelserscheinung hat, konnte kaum glauben, was ihm da zu Ohren kam: Seine hochbetagte und zugleich unfruchtbare Frau Elisabeth sollte schwanger werden und er sollte dem Kind den Namen „Johannes" – Gott ist gnädig – geben. Nein, das konnte er nicht glauben. Sein Zweifel machte ihn stumm. Es verschlug ihm die Sprache für Monate. Es war eine lange stumme Zeit - eine Zeit des Wartens, eine Zeit des Schweigens. Zacharias schwieg während seine Frau schwanger mit dem Propheten war.

Doch jetzt hat sie geboren. Zacharias hat ihm den Namen geben. Auf eine Tafel schrieb er ihn: Johannes – Gott ist gnädig. Und dann wurde ihm der Mund aufgetan! Der Name seines Sohnes zugleich sein Glaubensbekenntnis. Der Zweifel verflog. Zacharias redete, sprach und lobte Gott.

Ein Zeichen: Dieses Kind ist etwas Besonderes. Gott hat in diesem Kind sein Volk besucht. Besuche aber kommen und gehen auch wieder. Das macht sie mitunter sympathisch. Und sympathische Besucher kommen wieder und kommen öfter. Vor allem aber lassen sympathische Besucher etwas zurück: einen Eindruck und manchmal auch eine Sehnsucht. Von dieser Sehnsucht lobsingt Zacharias. Es ist die Sehnsucht nach Barmherzigkeit, Gerechtigkeit und Frieden.

Zwischen den Zeiten

Zacharias besingt ein Leben zwischen dem Schon jetzt und dem Noch nicht! Das kennzeichnet unsere adventliche Erwartung. Schon seit Wochen können wir weihnachtlich geschmückte Warenhäuser besuchen. Als ich im Oktober das letzte Mal mit meiner Familie nach Süddeutschland fuhr, stand an der Autobahn nahe Hamburg ein großes Plakat eines großen Möbelhauses mit dem Slogan: „Endlich, ab 15. Oktober: Weihnachtsmarkt bei Möbel ... [keine Schleichwerbung]“. Wir leben umringt von adventlichen Zeichen und doch wir wissen auch: Es ist noch nicht soweit. Es ist irgendwie schon da, aber es steht noch aus.

Wir leben zwischen dem Schon jetzt und dem Noch nicht! Wenn meine Frau und ich abends zusammensitzen und die kommende Zeit in Heidelberg bedenken, wenn wir planen, wie wir Abschied nehmen von unserem Dorf und der Gemeinde in Bornhöved, wie wir ankommen werden in Heidelberg, dann ist es als seien wir schon hier. Und zugleich erleben wir den ganz normalen Alltag eines Dorfes und einer Familie, einer Kirchengemeinde. Ein Alltag gewiss von Abschied geprägt, aber doch ganz gegenwärtig mit Schule, Amtshandlungen und den kleinen und großen Sorgen, die eine Familie mit vier Kindern so amüsant und eine Kirchengemeinde so abwechslungsreich machen.

Wir leben zwischen dem Schon jetzt und Noch nicht! Da lese ich im Internet die Überschrift „Die Friedensgemeinde hat einen neuen Pfarrer!" und ein paar Zeilen weiter heißt es dann „neuer Pfarrer ab Februar 2013 wird". Da spiegelt sich die Erfahrung des Zacharias' der das Kind schon in den Armen hält und doch weiß, dass das Kind ist vollem eines ist: Zukunft! Auch der neue Pfarrer kommt zwar heute zu Besuch, aber so richtig da, bin ich noch gar nicht.

Und in meiner Kirche in Bornhöved stürzt eine rührige ältere Dame auf mich zu: „Wieso haben Sie das gemacht, uns einfach so verlassen zu haben?" Und ich beruhige sie und sage: „Aber ich bin doch noch da!"

Wir leben zwischen dem Schon jetzt und Noch nicht! Wir leben in zwei Wirklichkeiten: Der Wirklichkeit des Abschied und des Neuanfangs, des Abbruchs und des Aufbruchs, des Abschiedsschmerzes und der herzlichen Willkommensmails. Wir leben zwischen dem Schon jetzt und Noch nicht!

Das können wir immer wieder im Glaubensalltag erfahren. „Der Glaubende lebt schon ganz in dem, was ihm versprochen ist!", hat der Theologe Hellmut Gollwitzer einmal geschrieben.[51] Wenn wir gemeinsam Gottesdienst feiern, das Abendmahl feiern, dann feiern wir und glauben wir als sei das schon da, was uns in Jesus Christus an Barmherzigkeit, an Gerechtigkeit, an Frieden verheißen ist. Und zugleich leiden wir doch als Christen zutiefst, wenn in der Kirche Konflikte aufbrechen, wenn leidenschaftlich diskutiert wird, wenn der Ton nicht richtig getroffen wurde.

Wir leiden an den Verhältnissen, wenn es an *Barmherzigkeit* mangelt, weil auch wir als Kirche nicht in all unseren Handlungen barmherzig sein können.

---

[51] H. Gollwitzer, Die Freude Gottes. Einführung in das Lukasevangelium, Berlin ^{7}1965, S. 20.

Denn wir leben ja nicht nur in der Wirklichkeit des Glaubens, sondern auch in der Wirklichkeit der ökonomischen Bedingungen. Da haben Kirchen als Träger von Kindertagesstätten und Friedhöfen mitunter Pflichten, die der Barmherzigkeit, wenn nicht widersprechend so doch zumindest einschränkend gegenüberstehen. Wir leben in zwei Wirklichkeiten. Wir leben zwischen zwei Wirklichkeiten und zwei Zeiten. Und doch: „Der Glaubende Zacharias lebt schon ganz in dem, was ihm versprochen ist!" Das wir überhaupt an der mangelnden Barmherzigkeit in unserer Lebenswelt leiden können, hängt damit zusammen, dass wir die Barmherzigkeit Gottes immer wieder erfahren und gehört haben: in der Taufe, im Abendmahl, vielleicht auch in einem schönen Gottesdienst, in erfahrenem Trost in der Not. Oft sind es nur die Kleinigkeiten, wie ein Wort, das die Stille durchbrach.

Und dennoch bleiben wir zwischen den Wirklichkeiten. Wir wissen nur zu gut als Christen, wie eine gerechte Welt aussehen könnte. Auch von der *Gerechtigkeit* haben wir oft gehört. Wir erinnern vielleicht sogar die Sozialgesetze des Alten Testaments mit der Regelung der Sabbatruhe und des Erlassjahres, der Schwagerehe und so fort. Ja, sie ist uns durchaus bekannt die große Vision von Gottes Gerechtigkeit für sein Volk. Aber leiden wir nicht auch an der mangelnden Gerechtigkeit in unserem Land und auf der Welt. Der Mangel an Gerechtigkeit beherrscht ja quasi die Kritik an fast allem politischen und ökonomischen: Mangel an Bildungsgerechtigkeit, Mangel an Verteilungsgerechtigkeit, Mangel an sozialer Gerechtigkeit, Mangel an Gerechtigkeit in der Finanzkrise, Mangel an Gerechtigkeit in den Wahlgesetzen usw. Das Leiden am Gerechtigkeitsmangel scheint uns in die Wiege gelegt zu sein. Wie oft kläre ich zwischen meinen Kindern und unter meinen Konfirmanden Gerechtigkeitsfragen in Bezug auf Süßigkeiten oder Unterschriften auf Gottesdienstkarten.

Wir leben aber auch bei der Gerechtigkeit zwischen Verheißung und Erfüllung, zwischen dem Schon jetzt und dem Noch nicht des Zacharias. Denn wir haben nicht nur die Vision sozialer Gerechtigkeit in unserem kulturellen Gedächtnis, wir glauben auch daran, dass Gott uns diese Gerechtigkeit einst verschaffen wird und das macht es mir in vielen Situationen das Leben deutlich leichter und entspannter.

Und schließlich die Verheißung des *Friedens*. Auch hier entdecke ich uns zwischen den Zeiten, gerade jetzt im Advent. All die Kerzen und die Lichter, die romantisch-kitschige Musik, die so lieblich über die Weihnachtsmärkte schallt, die Adventsfeiern in Betrieben und in Dörfern – friedliche Feiern. Feiern des Friedens. Der Advent und das Weihnachtsfest sind eine Friedenszeit – irgendwie. Alle versuchen ihr Bestes, denn es kündigt sich an und ist doch irgendwie schon unter uns: Der Friedefürst. Diese Verheißung eines Fürsten, der den Frieden bringt, der all das Lebensfeindliche niederringt, der uns von den Feinden – den ganz realen und den empfundenen – befreit. Diese Verheißung bewegt und verändert uns. Nie gibt es im Jahr mehr Glaubende als im Advent. Ein Friedensfest will jeder feiern. Jeder will etwas von dem „Licht aus der Höhe“ sehen und vielleicht auch sein.

Aber auch der Frieden ist nur ein Zwischenhoch. Trotz allem nehmen wir die Nachrichten aus den Krisenregionen dieser Welt wahr. Trotz allem bleibt in uns der Feind des Glaubens. Trotz allem bleiben alle jene, die spottend da stehen und fragen: „Glaubst du das wirklich alles? Und warum ist dann die Welt, wie sie ist: mit ihrem Mangel an Barmherzigkeit, Gerechtigkeit und Frieden?“ Trotz allem werden die Kerzen und Lichter im Januar wieder verlöscht und bleibt vom Frieden vielleicht eine leichte Erinnerung im Herzen.

Denn wir leben zwischen den Wirklichkeiten und zwischen den Zeiten. Wir leben wie Zacharias zwischen dem erlebten Ereignis „Gott hat uns besucht.“ und der bleibenden Verheißung, die auf dem Kind liegt.

Das Kind ist der Schlüssel! In unserem Zwischen sind und bleiben wir kindlich, suchend, tastend, entdeckend, forschend, neugierig, empfindlich, sensibel und fragend. Der Prophet ist Kind. Und die Kirche ist Kind. Das Kind verändert die Welt mit leisen Tönen, nicht mächtig und gewaltig, sondern klein und entzückend, unfertig. Es dauert noch, das ist bei aller Verheißung die Botschaft des Kindes. Es dauert noch, aber etwas ist schon da – das Kind.

Für mich ist das auch die Hoffnung der Kirche und die Hoffnung für die Kirche: Wir leben im Zwischen, zwischen Verheißung und Erfüllung. Etwas vom Reich Gottes ist immer schon in uns und manchmal ergreift es mich und dich. Aber wir bleiben doch auf dem Weg. Es ist noch nicht endgültig und noch nicht fertig oder gar vollkommen.

Gott hat uns besucht – singt Zacharias, aber er kommt auch nochmal wieder, der Besuch war erst der Anfang. Dazwischen aber lasst uns glauben: „Der Glaubende lebt schon ganz in dem, was ihm versprochen ist!“ Vielleicht sehen wir ja hin und wieder etwas von dem Licht aus der Höhe, das uns auf den Weg des Friedens stellt. Vielleicht werden wir in der Zwischenzeit sogar selbst ein Licht für andere. Ausgeschlossen ist das nicht, glauben will ich es aber sicher. Darum Barmherzigkeit, Gerechtigkeit und Friede sei mit euch. Amen.

Kostbare Momente[52]

Bleiben wir noch einen Moment auf dem Berg.[53] Ein besonderer Moment. Ein Lichtblick. Geheimnisvoll, erschreckend, fürchterlich. Lichtdurchflutet der Moment. Und aus der Lichtwolke die Stimme Gottes. Der Moment der Offenbarung.

Der Moment verändert alles, Der Moment verändert Petrus, Johannes und Jakobus. Aber es war nur ein Moment. Ein lichter Moment – und dann?

Dann kommen die Fragen, tritt ins Bewusstsein, dass der Christus nicht für die Ewigkeit auf Erden ist. Das muss zu Nachfragen führen. Und diese Fragen stellt das Volk im Johannesevangelium, dem der Predigttext für diesen Sonntag entstammt.

Da antwortete ihm das Volk: Wir haben aus dem Gesetz gehört, dass der Christus in Ewigkeit bleibt; wieso sagst du dann: Der Menschensohn muss erhöht werden? Wer ist dieser Menschensohn?

Da sprach Jesus zu ihnen: Es ist das Licht noch eine kleine Zeit bei euch. Wandelt, solange ihr das Licht habt, damit euch die Finsternis nicht überfalle. Wer in der Finsternis wandelt, der weiß nicht, wo er hingeht.

Glaubt an das Licht, solange ihr's habt, damit ihr Kinder des Lichtes werdet. Das redete Jesus und ging weg und verbarg sich vor ihnen.

Joh 12,34-26

Das Volk stellt die Verstehens-Frage. Was ist da eigentlich geschehen? Das Volk will verstehen, was es glauben soll! Es kennt das Gesetz und die Tradi-

---

[52] *Abschiedspredigt zu Joh 12, 34-36 in der Kirchengemeinde Bornhöved am 20.1.2013*

[53] Der Predigt ging im Gottesdienst die Lesung des Evangeliums aus Mt 17,1-9 voran.

tion und nun ist plötzlich alles anders. Das Licht, der Christus scheint nur kurz. Das haben sie nicht erwartet!

Klar könnten wir jetzt nach Erklärungen suchen. Wir mögen ja gerne allerhand rationale Erklärungen für allerhand Unerklärliches. Verstehen suggeriert Trost. Und so forschen wir nach Ursachen für allerlei Unglück, denn wir brauchen doch Licht im Dunkel. Mit der Sucht des Verstehen-Wollens versuchen wir all das Kummervolle in den Griff zu bekommen. Und so fragen wir gern: Wieso? Weshalb? Warum?

Warum musst der 20jährige gegen einen Baum fahren?
Warum hat die Abteilungsleiterin ein Burn Out?
Warum scheiterte die Ehe?
Warum zerbrach die Freundschaft?
Warum gerät sein Leben aus den Fugen?

Mit Erklärungen und einem Schuldigen lebt und trauert es sich leichter. Und doch die Finsternis bleibt.

Bei den Lichtmomenten fragen wir selten nach den Gründen. Mit ihnen halten wir uns auch nicht so lange auf. Das Lichtvolle nehmen wir hin. Für das Licht und das Gelungene brauchen wir keine rationalen Erklärungen. Glück braucht keine Argumente!

Würdigen wir das Lichtvolle, das Gute, das Schöne genügend? Gehen wir wertschätzend genügend mit dem Gelingenden um? Unsere Leitperspektive in Nachrichten, in Politik – egal ob in unseren Dörfern, im Land, im Bund, oder auch in der Kirche – unsere Leitperspektive ist die Finsternis und die Kritik. Wir sehen die Finsternis und das Dunkel und hoffen und erwarten, dass es einmal eine Zeit gibt, in der alles leuchtend hell ist, mit Leuchttürmen und Leuchtfeuern, die das ganze Land erstrahlen lassen.

Genau dies ist auch die Erwartung des Volkes:

„Wir haben aus dem Gesetz gehört, dass der Christus in Ewigkeit bleibt; wieso sagst du dann: Der Menschensohn muss erhöht werden?." –

Gegen diese Endlosschleife der enttäuschten Hoffnung provoziert Jesus:

„Es ist das Licht noch eine kleine Zeit bei euch. Glaubt an das Licht, solange ihr's habt, damit ihr Kinder des Lichtes werdet."

Die Zeit des Lichts ist kurz. Kein ewiges Licht wird hier angesagt. Nein, Jesus selbst handelt dem Licht entsprechend. Er geht weg und verbirgt sich. Jesus lässt sich nicht vereinnahmen. Wie oft aber vereinnahmen wir das Licht, vereinnahmen wir Jesus? Mir scheint es manchmal, dass wir das Leben nur so führen können, dass wir alles und jeden in eine Schublade packen, dass wir alles ins System pressen, dass wir überall das Ganze sehen.

In jedem biblischen Text suchen wir die Mitte der Schrift. Wir vereinnahmen einander, wenn wir wortreich trösten und einander „zutexten" mit Erklärungen, weil unsere Gesetze und Traditionen doch so ein wunderschönes Gerüst sind. Das Gesetz und die Erwartung des Gesetzes sagt: „Der Christus bleibt ewig!" Dagegen setzt Jesus den Glauben an das Licht, das nur noch eine kleine Weile da ist.

Gesetze und Traditionen mögen gut sein, sie mögen auch zum Verstehen helfen, aber sie bleiben an der Oberfläche mit ihren Kategorisierungen und Formalismen. Das Leben ist mehr als seine oberflächliche Einordnung in Gute Zeiten – Schlechte Zeiten. Der Glaube geht in die Tiefe. Der Glaube ist die Tiefe des Lebens.

Was könnte Jesus meinen mit dem Satz „Glaubt an das Licht, das nur noch eine kurze Zeit da ist!"? – Zunächst einmal die Zeit ist begrenzt. Es kommt auf den Moment an.

Nichts ist so schön wie der Moment,
wo alles so ist, wie es gehört
und das Leben bekommst du einfach geschenkt.
Und das allerbeste ist dabei:
Wenn du den Moment gefunden hast, ist er vorbei.

(nach W. Schmidbauer)[54]

Nimm diesen Moment des Lichts und des Glücks wahr. Fühle, denke, höre, singe und sage, rieche das Licht des Lebens. Wenn das Licht scheint, dann tanke reichlich auf! Tanke auf – lass das Licht in dein Herz und dein Gemüt! Dein Licht scheint jetzt! Glaube an das Licht ist die Annahme und die Wahrnehmung des Glücks und des Segens, die Erfahrung und Erinnerung des Heiligen Moments, in dem einer zu dir Ja gesagt hat und du Ja zum Geschenk des Lebens sagst.

Glaube bewahrt dich nicht vor Finsternis. Glaube bewahrt dich nicht vor Traurigkeit. Glaube ist darum nicht ein pausenloses Für-wahr-Halten von Dogmen, ein uneingeschränktes Befolgen und Bekennen von Jesu Wort und Weg. Glaube ist nicht immer fromm! Glaube geht auch durch finstere Tage. Glauben ist Anschauung und Gefühl des Unendlichen im Endlichen, des Unverfügbaren im Verfügbaren und des Unbedingten im Bedingten. Glück und Segen sind unverfügbar und unbedingt, aber sie sind nicht ewig und nicht beherrschbar. Nein, Jesus und mit ihm das Glück, der Segen und das Licht sind mal offenbar und mal verborgen. Das ist geheimnisvoll!

Und doch aus den Begegnungen und den Momenten, in denen ich etwas von dem spüre, was mich leben lässt, was mich fröhlich und glücklich macht, was mich ergreift und ja sagen lässt zum Leben, aus diesen Momenten überwinde

---

[54] Der bayrische Liedermacher Werner Schmidbauer singt diese Zeilen auf bayrisch in seinem Lied „Momentensammler", den Originaltext findet man unter http://deutschelieder.wordpress.com/2011/10/24/werner_schmidbauer_momentnsammler/

ich auch die Zeiten der Finsternis, des Unheils und des Unglücks. Wer glaubt, der lebt – das wahre Leben ist das Leben als Kinder des Lichts.

Darum kann das Gesetz vieles erklären, aber es stellt letztlich das Leben und den Moment in Frage. Darum wohl können wir auch allerlei Unglück erklären und die Schuldigen benennen, aber den Trost für das Leben finden wir dadurch nicht. Das Leben finden wir in den kostbaren Momenten, in denen der Glaube das Glück ergreift und zum Segen wird und wir das Ja zum Leben atmen, schmecken, riechen, hören. Jene Momente sind die „Atome der Ewigkeit“ (Kierkegaard), in denen ich das erfüllte Leben wahrnehme.

Ich habe viele solche Momente immer wieder hier gesammelt:

- die alte von Demenz verkrampfte Frau, die beim Empfang des Abendmahls entspannte und die Hände öffnete,
- die Schüler, die extra das Schulfenster öffneten um mich freundlich zu grüßen,
- die Trauernden, deren Tränen sich in ein Lächeln über die Wärme des Lebens verwandelten,
- die Geburt meiner Kinder und das Wunder des Lebens, das ich auf einmal in Händen hielt,
- die Gespräche an unzähligen Bibelabenden, in denen plötzlich ein neuer Gedanke, eine Frage in mir auftauchte,
- ja, der Konfirmand, der mich mit der Frage nach dem Himmel überraschte,
- und die singende Dorfgemeinschaft im Feuerwehrhaus – alt und jung vereint mit der Weihnachtsbäckerei.

Gewiss sind das alles nur Momentaufnahmen, so wie Jesus doch letztlich auch nur einen Moment auf Erden war, ehe er ging und sich verbarg. In diesen Momenten aber war die Liebe Gottes gegenwärtig, aus der alles Leben lebt, in der menschliches Leben bejaht und angenommen ist. Was aber können die Nörgeleien, all die Leiderfahrungen, all die Verneinungen des Lebens gegen die Erfahrung des erfüllten Lebens ausrichten?

Wollen wir das Glauben doch mal wagen und mehr Fröhlichkeit verkünden. Allein durch Erklärungen überwinden wir das Leid nicht, aber durch das Leben und die vielen „Atome der Ewigkeit", die Momente und die erfüllten Augenblicke der Liebe und des Glücks,

„in denen Menschen sich vergessen, die Wege verlassen und neu beginnen …, in denen Menschen sich verschenken, die Liebe bedenken und neu beginnen …, in denen Menschen sich verbünden, den Hass überwinden und neu beginnen …, in denen Menschen sich annehmen, und das Leben bejahen und neu beginnen …"[55]

Und wo das geschieht, da berühren sich wirklich Himmel und Erde und dann wird es aufwachsen und aufleuchten: das Leben in all seiner Schönheit und Friede und Liebe wird dich erfüllen. Amen.

[55] Dem Lied „Da berühren sich Himmel und Erde" entnommen, das im Anschluss an die Predigt gesungen wurde.

Eine Petrus-Zumutung[56]

Religion ist Unterbrechung

Liebe Gemeinde,

dieser Tag ist ein festlicher Tag des Übergangs. Sowie jedes Ritual etwas Veränderndes und Bewahrendes in sich trägt. Das Fest markiert ein Ende. Die Zeit der Vakanz ist vorbei. Jetzt ist der neue Pfarrer richtig da, eingezogen und eingeführt kann er sich weiter einarbeiten. Die Zeit im Zwischen – zwischen Norden und Süden, zwischen Land und Stadt, zwischen Abschied und Anfang – ist vorüber.

Das Fest markiert den Anfang. Jetzt geht es los! Wir müssen uns finden – Gemeinde und Pfarrer, Pfarrerin und Pfarrer. Da muss vieles geklärt und erklärt, abgesprochen werden. Der Norddeutsche hört sich in den Dialekt ein und man muss sich an die Stimme des Predigers gewöhnen. Man sitzt zusammen, beratschlagt sich, verabredet sich, erkundet sich. Wie ist der denn so? Wie sind die da in Hendesse (Handschuhsheim)?

Das Fest als Anfang und Ende ist zu allererst eine Unterbrechung des Alltags. Es symbolisiert, es vergegenwärtigt, es deutet vielleicht auch und es stellt alles in einen größeren Zusammenhang. *„Religion ist Unterbrechung“* hat Jean Baptiste Metz es einmal auf eine kurze prägnante Formel gebracht.

Und eine Unterbrechung ist auch die kleine Szene des Predigttextes für diesen Sonntag Invokavit aus dem Lukasevangelium. Auch da feiern Jesus und die Jünger ein Fest. Das Passahmahl. Aber dieses Fest wird unterbrochen und aufgebrochen, durch Jesu Abschiedsreden. Sie sitzen zusammen im

[56] Predigt über Lk 22,31-34 zur Einführung in der Ev. Friedensgemeinde Heidelberg-Handschuhsheim am 17.2.2013

Kreis der Jünger. Jesus erklärt und unterweist. Doch dann unterbricht er seine Rede und wendet sich Simon Petrus zu:

Simon, Simon! Der Satan hat sich ausgebeten, euch zu sieben wie den Weizen. Ich aber habe für dich gebetet, dass dein Glaube nicht aufhöre; und du, wenn du dereinst zurückkehrst, stärke deine Brüder.

Er sagte zu ihm: Herr, ich bin bereit, mit dir in Gefangenschaft und Tod zu gehen.

Er aber sprach: Ich sage dir, Petrus, der Hahn wird heute nicht krähen, bevor du dreimal geleugnet hast, mich zu kennen.

Lk 22,31-34

Die Hiobsaufgabe – Satan und die Probe Gottes

Ein unterbrechendes Seitengespräch mitten im Fest. Sätze, die es in sich tragen. Jesus wendet sich dem exemplarischen Jünger direkt zu. „Simon, Simon!“ Es ist ein Seitengespräch mit brisantem Inhalt. Ausgerechnet die Jünger sollen durch den Satan versucht werden. Ausgerechnet Simon Petrus soll Jesus verleugnen! Der Vorzeigejünger, der erste, der mutige Petrus, der etwas vorlaute vielleicht auch.

Das unterbrechende Seitengespräch fordert heraus. So ist es mit Unterbrechungen, so ist es mit der Religion. Religion ist in all ihrer Schönheit immer auch eine In-Frage-Stellung und Herausforderung. Das ist das erste, was mich in diesem unterbrechenden Seitengespräch, irritiert und wachrüttelt: Der Satan und Gott gehen einen Pakt ein. Der Satan darf sieben, herausfordern und auf die Probe stellen, sowie er es mit Hiob gemacht hat. Der Glaube muss sich in der existentiellen Situation erweisen. Er ist nicht einfach nur ein Wollen. Er ist nicht einfach ein Schönreden und kein Lippenbekenntnis.

Ausgerechnet Simon Petrus gilt dieses Seitengespräch. Ausgerechnet ihm wird die Spannung zwischen Glaube und Versuchung angesagt. Dem Glaubenden, der sich so stark und sicher fühlt, ihn konfrontiert Jesus mit der Versuchung des Satans.

Der Glaube ist keine feste Trutzburg. In die man sich einfach zurückziehen kann. Und in der man standhaft und wehrhaft gegen die Welt leben kann. Es gibt keine Welt des Glaubens und keine Welt jenseits des Glaubens. So wie es ja auch keine irdische Kirche jenseits der Bedingungen der Welt gibt. Kirche gibt es immer nur im Verhältnis zur Welt und ihren Versuchungen, ihren Leiderfahrungen, ihren Konflikten und ihrer Menschlichkeit.

Darum geraten ja auch Glaubende immer wieder in Situationen der Versuchung. Darum gibt es in der Kirche Macht- und Grabenkämpfe. Darum hängt auch kirchliche Arbeit nicht nur von der Frömmigkeit und von den starren Dogmen ab, sondern gerade auch von der Beweglichkeit und Offenheit zur Welt hin. Darum sind viele Fragen des kirchlichen Lebens nicht allein Glaubensfragen, sondern ökonomische Vernunftfragen.

Wir sind ins Gebet genommen!

Wenn der Glaube gar keine Trutzburg ist, in die ich mich gegen die Welt trotzig zurückziehen kann, was ist er dann? Ist dann nicht alles ein wenig trostlos?

Nein, denn jetzt kommt nach Jesu Satansankündigung der zweite wesentliche Teil der religiösen Unterbrechung, die Zusage: *„Ich habe für dich gebetet, dass dein Glaube nicht erlischt."* Eigentlich ein irrer Wettstreit: Gott und Satan gehen einen Pakt ein und der Sohn betet für die Angefochtenen. *„Ich habe für dich gebetet."* Welch' eine Zusage und welche eine Ansage ist dies! Wir brauchen das Gebet. Nicht nur unser eigenes, sondern das der Mitbrüder und Mitschwestern – und das Gebet Jesu. Jesus betet für Petrus, dass er standhaft ist, dass er der Welt standhält. Aber, um welchen Glauben bittet Jesus da eigentlich? Ist es die unbedingte Nachfolge, die Treue bis zum Martyrium?

Um die Unverwundbarkeit und die Unfehlbarkeit des Glaubenden geht es nicht. Petrus wird ja die Erfahrung des Scheiterns machen. Wie der böse Judas wird er Jesus verraten. Aber mit einem Unterschied: Er wird bitterlich weinen nach der Verleugnung. Und er wird zurückkehren in die Gemeinschaft. Und gerade aus der Schwäche heraus, aus der Erfahrung des Scheiterns, der Schuld und der Scham kann er glaubhaft seine Brüder und Schwestern im Glauben stärken.

„Ich habe für dich gebetet, dass dein Glaube nicht erlischt." Du sollst dich nicht verlieren. Du sollst das bedingungslose Ja zu dir nicht verlieren. Du sollst das Ja annehmen können. Die Welt versucht dich, und du kannst nicht immer widerstehen. Dein Glaube ist nicht eine Trutzburg, sondern eine bleibende Suche und deine bleibende Beziehung zu Gott, der ist deine feste Burg.

Riskier was Mensch!

Sie merken gewiss schon, liebe Gemeinde, ich habe Sympathien für Petrus. Ich mag seine Unerschrockenheit und seinen Mut: *„Herr, ich bin bereit mit dir ins Gefängnis und in den Tod zu gehen."*

Petrus riskiert Kopf und Kragen. Er ist nicht einer der vorsichtigen, die immer nur abwägen, die nüchtern-analytisch abwarten. Petrus riskiert etwas. Petrus verlässt die gewohnten Pfade. Er verlässt seine Heimat und folgt Jesus nach.

In der Nacht auf dem See verlässt er das Boot, um über das Wasser Jesus entgegenzugehen. In der Nacht der Passion schleicht er sich in den Hof des hohepriesterlichen Hauses.

Wir stehen am Beginn der Passionszeit. Das Motto der Aktion „Sieben Woche ohne“ heißt in diesem Jahr 2013 „Riskier was Mensch. Sieben Wochen ohne Vorsicht!“ Ein sympathisches Petrus-Motto. Gewiss gemeint ist nicht Leichtsinn. Aber es gibt die Gelegenheit vierzig Tage lang einmal die gewohnten Pfade zu verlassen. Den Blick zu wenden, mal die Dinge auf den Kopf zu stellen und Neues zu wagen.

Riskier was Mensch. Ich höre darin den Ruf zum Aufbruch gerade auch in der Welt. Habt keine Angst. Es ist schwer den Versuchungen zu widerstehen. Es ist aber auch schwer das gewohnte zu verlassen und Neues zu wagen. Wer aber Neues wagt, wer etwas riskiert, der geht keinen leichten Weg. Wer Neues wagt, der kann wie Petrus auch scheitern, der kann auch in Konflikte geraten. Wer etwas riskiert ohne Vorsicht, der riskiert auch das Scheitern. Und doch der wagt schließlich den Glauben und entdeckt immer wieder einen neuen verwandelten Glauben.

Riskier was Petrus!
Riskier was Mensch!
Riskier was Kirche!

Wir werden uns verirren

Petrus riskiert nicht nur große Worte und Lippenbekenntnisse. Er bringt sich tatsächlich in Gefahr und er macht exemplarisch die Erfahrung der Zweideutigkeit des Jüngers. Jesus sagt es ihm an: *„Du wirst mich dreimal verleugnen.“* Das ist die zweite Ansage Jesu. Sie ist nicht ohne die Zusage des Gebets und des Zutrauens zu hören. Zu uns gehört beides: Das Bekenntnis und die Verleugnung, das Bereit Sein und das Fliehen, das Durchhalten und das Schwächeln.

Auf seinem Glaubensweg durch die Erfahrung der Verleugnung wird Petrus seine Selbstüberschätzung verlieren, nicht aber das vertrauensvolle Erwarten auf Gottes Hilfe. Er wird sich vorübergehend verirren in den Versuchungen der Welt, aber er kann zugleich auf Jesu langem Atem vertrauen. *„Dereinst, wenn du zurückkehrst, dann wirst du deine Geschwister stärken."*

Gewiss es ist nur ein kurzes unterbrechendes Seitengespräch beim Festmahl in Jerusalem. Und doch es ist eine Ermutigung! Satan wird dich versuchen, ich aber bete für dich. Du hast einen guten Willen, aber du bist uns bleibst Mensch. Du wirst auch mal scheitern, aber dennoch, gerade als Mensch wie Petrus bist du stark, darum wage zu glauben, riskier was. Nur Mut! Der Mut wird uns immer wieder auf die Spur der Freiheit, der Liebe, des Glaubens führen.

Printed by Books on Demand GmbH, Norderstedt / Germany